Learn Spanish for Beginners

Over 100 Easy and Common Spanish Conversations for Learning Spanish Language

Table of Contents

Introduction 1

Chapter 1: Personal information conversations - Conversaciones sobre información personal 3

    Presentarse a alguien- Introducing to someone 3

    Fecha de nacimiento—Birthdate 5

    Presentando a la Familia-Introducing the family 7

    Hablando Sobre Relaciones-Talking About Relationships 10

    Hablando Sobre Pasatiempos- Talking About Hobbies 13

    Hablando Sobre Mascotas- Talking About Pets 16

    Hablando Sobre Música-Talking About Music 18

    Hablando Sobre Gastronomía- Talking About Cuisine 20

    Hablando de redes Sociales- Talking about Social Networks 23

    Hablando de sentimientos- Talking about feelings 26

    Hablando Sobre Libros- Talking about Books 28

    Hablando sobre Política- Talking about Politics 30

    Hablando sobre Religion- Talking about Religion 32

    Documentación-Documentation 34

    Número telefónico - Phone number 36

    Correo electrónico-Email 38

    Educación-Education 40

    Dando mi dirección- Giving my Address 43

Talla de ropa-Clothing size 45

Condiciones medicas- Medical conditions 47

Características de las personas- Characteristics of people............ 49

Chapter 2: Going on vacations – Yendo de Vacaciones...... 51

Empacando/Haciendo las maletas- Packing up 51

Yendo al Aeropuerto- Going to the airport 54

Bajandose del avión-Getting off the plane 57

Llamando a un taxi- Calling a taxi 60

Soy turista - I'm a tourist... 62

Llegando al hotel- Getting to the hotel 64

Divisas-Currencies 67

Alquilando un carro - Renting a car 70

Pidiendo direcciones-Asking for directions 73

Conociendo gente - Meeting people 74

Preguntando lugares turísticos- Asking for Tourist Places............ 76

Visita a la playa- Visit to the beach 79

Visita a la montaña- Visit to the mountain 81

Visita al parque de diversiones- Visit to the Amusement Park...... 84

Visita al Museo- Visit to the Museum... 87

Dia de relajación- Relax day.. 89

Dia de piscina- Pool day 91

Día en el hotel- Day at the hotel... 93

Visita a amigos- Visit to friends 95

Acampando- Camping 98

Chapter 3: Getting to a new country- Llegando a un nuevo país 100

Alquilar una casa – Rent a House 100

Preguntando tradiciones – Asking About Traditions 103

Preguntando comidas típicas- Asking About Typical Foods 105

Preguntando Sobre impuestos- Asking about Taxes 108

Comprar una casa- Buy a House 110

Comprar un carro- Buy a Car 112

Mantenimiento del carro- Car maintenance 115

Pidiendo un crédito- Asking for a loan/credit 117

Limpiar la piscina- Clean the pool 119

Mudanza- Moving 121

Leyes- Laws 123

Multas – Penalty fees/ fines 125

Preguntando sobre colegios- Asking about Schools 128

Preguntando sobre Gimnasio - Asking about a Gym 130

Supermercados- Supermarkets 132

Guarderias- Daycares 134

Seguros Medicos- Medical Insurances 136

Seguros de carros - Car Insurances 138

Servicio de correo- Postal Service 140

Suscripciones – Subscriptions 142

Chapter 4: Day-to-Day conversations- Conversaciones del día a día 144

- Pidiendo una pizza-Ordering a pizza 144
- Centro comercial - Shopping Mall 147
- Pidiendo un café - Ordering a coffee 150
- Usando un autobus - Using a bus 152
- Comprando alimentos – Buying food food 154
- Comprando ropa - Buying Clothes 156
- Ir a un restaurant – Go to a Restaurant 159
- Pasear al perro- Walk the Dog 162
- Autolavados- Carwashes 165
- Pedir una cita- Make an Appointment 167
- Visitando la escuela - Visiting the School 171
- Ir al cine - Going to the cinema 174
- Yendo a un partido de futbol-Going to a Football Match 176
- Pidiendo un libro en la biblioteca- Asking for a Book at the Library 179
- Pidiendo la clave del wifi- Asking for Wifi's Password 181
- Pidiendo un aventón- Asking for a Ride 183
- Visitando al doctor - Visiting the Doctor 186
- Número equivocado- Wrong Number 187
- Aplicar para un trabajo - Apply for a job 188

Chapter 5: Common Jobs Conversations-Conversaciones Communes De Trabajos **190**

    Secretaria- Secretary 190

    Chofer - Driver 192

    Profesor - Teacher 194

    Doctor - Doctor 196

    Bibliotecaria - Librarian 199

    Empresario- Businessman/ Entrepreneur 201

    Diseñador - Designer... 203

    Conserje - Janitor 205

    Jardinero - Gardener... 207

    Vendedor - Salesman/ Seller 209

    Mecánico - Mechanical 212

    Farmaceuta - Pharmacist 215

    Abogado - Lawyer 217

    Vigilante - Watchman 219

    Policía - Policeman 221

    Bombero - Fireman 224

    Panadero - Baker 226

    Chef - Chef.. 229

    Paseador de perros- Dog Walker 232

    Niñera – Babysitter/Nanny 234

Conclusion..**236**

Introduction

Congratulations on downloading *Learn Spanish For Beginners: Over 100 Easy And Common Spanish Conversations For Learning Spanish Language,* and thank you for doing so.

The following chapters will provide all kinds of usual, common, and basic conversations in Spanish with its respective translation to the English language in order to be able to read, speak, listen, and most importantly, understand the Spanish language. Through the chapters of this book, you can find different kinds of conversations starting from personal conversations, day-to-day conversations to jobs, and professions conversations. This is a book for beginners, so the conversations written here are basic. It is recommended to read several times each of the conversations available in this book in order to have a clear understanding of the meaning and context of each of the words in the sentences and of the sentences in the conversations.

I hope you enjoy this book and that it will be of great benefit to you. I also hope that it will serve as a tool to reach your goal of learning the Spanish language so that you will be able to speak and understand it perfectly in the future.

There are plenty of books on this subject on the market, thanks again for choosing this one! Every effort was made to ensure it is full of as much useful information as possible. Please enjoy!

Chapter 1: Personal information conversations - Conversaciones sobre información personal

Presentarse a alguien- Introducing to someone

Spanish

-Alberto: Hola, ¿como estas?
-Juan: Hey, muy bien, ¿y tú?
-Alberto: Bastante bien. ¿Cómo te llamas?
-Juan: Mi nombre es Juan, ¿y el tuyo?
-Alberto: Mi nombre es Alberto. Encantado de conocerte.
-Juan: Igualmente. ¿Cuántos años tienes?
-Alberto: Yo tengo 34 años, ¿Tu?
-Juan: Yo soy más joven, yo tengo 29 años.
-Alberto: Ya veo.
.Juan: Y, ¿De dónde eres?
-Alberto: Yo soy de Bogotá, Colombia ¿y tú?
-Juan: Yo soy de DF, México.
-Alberto: Que casualidad, yo tengo un primo que es de allá. Se llama Luis
-Juan: ¿En serio? ¿Dónde vive?
-Alberto: En Tacubaya
-Juan: ¿Su apellido es Rodríguez?

-Alberto: Si.
-Juan: Yo lo conozco, el es amigo mío.

English

-Alberto: Hello, how are you?
-Juan: Hey. I am good, and you?
-Alberto: Pretty good. What is your name?
-Juan: My name is Juan, and yours?
-Alberto: My name is Alberto. Nice to meet you.
-Juan: Nice to meet you too. How old are you?
-Alberto: I am 34 years old, and you?
-Juan: I am younger. I am 29 years old.
-Alberto: I see.
-Juan: And, where are you from?
-Alberto: I am from Bogota, Colombia, and you?
-Juan: I am from DF, Mexico.
-Alberto: What a coincidence. I have a cousin who is from over there. His name is Luis.
-Juan: Really? Where does he live?
-Alberto: He lives in Tacubaya.
-Juan: Is his last name Rodriguez?
-Alberto: Yes.
-Juan: I know him. He is a friend of mine.

Fecha de nacimiento—Birthdate

Spanish

-Julia: Buenos días Alexandra, ¿Cómo estás?
-Alexandra: Buenos días, muy bien, ¿Y usted?
-Julia: Excelente.
-Alexandra: Encantada de oírlo.
-Julia: Muchas gracias.
-Alexandra: Dígame, ¿Qué puedo hacer por usted?
-Julia: Tú tienes un hijo, ¿cierto?
-Alexandra: Eso es correcto, ¿Por qué pregunta?
-Julia: Porque habrá una actividad en el parque para menores de 10 años
-Alexandra: ¿Cuándo va a ser? El va a cumplir los 10 años pronto
-Julia: El evento será el 15 de Julio, ¿Cuál es su fecha de nacimiento?
-Alexandra: Su fecha de nacimiento es el 13 de Julio de 2009.
-Julia: Entonces ya tendrá 10 años el día del evento, me temo que no podrá asistir.
-Alexandra: Tienes razón

English

-Julia: Good morning Alexandra. How are you?

-Alexandra: Good morning. Very good, and you?

-Julia: Excellent.

-Alexandra: Glad to hear.

-Julia: Thank you very much.

-Alexandra: Tell me, what can I do for you?

-Julia: You do have a son, right?

-Alexandra: That is right. Why do you ask?

-Julia: Because there will be an activity at the park for children under 10 years old.

-Alexandra: When will it be? He is going to be 10 years old soon.

-Julia: The event will be on July 15th. What is his birthdate?

-Alexandra: His birthdate is July 13th, 2009.

-Julia: So, he will already be 10 years old the day of the event. I am afraid that he couldn't go.

-Alexandra: You are right.

Presentando a la Familia-Introducing the family

Spanish

-Tatiana: Hola Isa, bienvenida a mi casa, ¿Cómo estás?
-Isa: Hola Tatiana, muchas gracias por la invitación. Muy bien, ¿Y tú?
-Tatiana: Un poco estresada por la reunión, pero estoy bien.
-Isa: Me imagino, coordinar una reunión familiar es una tarea difícil.
-Tatiana: Exactamente
-Isa: Y, ¿Ya ha llegado alguien?
-Tatiana: Si, sígueme, están en al patio...
En el patio
-Tatiana: Mira Isa, estos son mis padres, mi mamá se llama Ana y mi papá Carlos.
-Isa: Encantada de conocerlos, mi nombre es Isa.
-Ana y Carlos: Igualmente.
-Tatiana: Esos dos de allá son mis hermanos, Sebastián y Santiago, y la que está con ellos es mi hermana, Mercedes
-Isa: Entonces son cuatro
-Tatiana: Correcto. Los de aquella esquina son mis tíos. Eduardo, Domigo y Mila son los hermanos de mi papá y Mader es la hermana de mi mamá.
-Isa: Entiendo.

-Tatiana: Los niños que están jugando por la mesa son mis primos. Alejandro tiene 6 años y Samantha 8 y son los hijos de Eduardo; Michael tiene 5 años y Pedro 10 y son hijos de Domingo y Diana tiene 14 años y es la hija de Mila.
-Isa: ¿Y Mader no tiene hijos?
-Tatiana: No.
-Isa: ¿Y tus abuelos están por aquí?
-Tatiana: Si, están adentro descansando. Solo tengo 2 abuelos, Carmen y Rubén, son los padres de mi papa.
-Isa: Son una familia grande.

English

-Tatiana: Hi Isa, welcome to my house. How are you?
-Isa: Hello, Tatiana. Thank you very much for the invitation. Pretty good, and you?
-Tatiana: A bit stressed about the meeting, but I am fine.
-Isa: I imagine. Coordinating a family meeting is a difficult task.
-Tatiana: Exactly.
-Isa: Has someone arrived?
-Tatiana: Yes, follow me. They are in the courtyard.
*At the courtyard...
-Tatiana: Look, Isa. These are my parents. My mother's name is Ana and my father is Carlos.
-Isa: Pleased to meet you. My name is Isa.
-Ana & Carlos: Pleased to meet you too.

-Tatiana: Those two over there are my brothers, Sebastian and Santiago and the girl who is with them is my sister, Mercedes.
-Isa: So, you are four.
-Tatiana: That's right. The ones at that corner are my uncles. Eduardo, Domingo, and Mila are my father's brothers, and Mader is my mother's sister.
-Isa: Got it.
-Tatiana: The kids playing around the table are my cousins. Alejandro is 6 years old, and Samantha is 8. They are Eduardo's kids. Michael is 5 years old, and Pedro is 10. They are Domingo's kids. Diana is 14 years old, and she is Mila's daughter.
-Isa: And Mader has no kids?
-Tatiana: No, she doesn't.
-Isa: And are your grandparents over here?
-Tatiana: Yeah, they are inside resting. I have only 2 grandparents, Carmen and Ruben. They are my father's parents.
-Isa: You are a big family.

Hablando Sobre Relaciones-Talking About Relationships

Spanish

-John: Hola Karina, tiempo sin verte.
-Karina: Hola John, ciertamente.
-John: ¿Cómo has estado?
-Karina: Últimamente las cosas han estado un poco complicadas.
-John: ¿Por qué lo dices Karina?
-Karina: Es que me separe de mi esposo hace un año, y pedí el divorcio pero aun no ha firmado.
-John: Que mala noticia, lo lamento mucho.
-Karina: No te preocupes, eso no es lo peor.
-John: ¿Y qué es?
-Karina: Que he estado saliendo con alguien y me pidió que fuésemos novios.
-John: ¿Y qué tiene eso de malo?
-Karina: Que hasta que mi ex esposo no firme los papeles del divorcio no me siento cómoda siendo novia de alguien más.
-John: Ya veo, ¿Y cuanto tiempo tienen saliendo?
-Karina: Como dos meses pero me había estado coqueteando desde antes.
-John: Es una situación complicada, yo creo que lo mejor es que hables con él y aclaren las cosas.

-Karina: Eso hare. Cuéntame, ¿Cómo está tu esposa?

-John: Ella está bastante bien, debe estar buscando a los niños en la escuela.

-Karina: Me alegro mucho de que estén bien. ¿Cómo están los niños?

-John: Bueno, Víctor tuvo gripe la semana pasada pero ya se recupero y José está emocionado porque debutó en el equipo de futbol de la escuela.

-Karina: Me contenta mucho haberte visto, siempre es bueno saber de ti.

-John: Lo mismo digo. Que te vaya bien.

-Karina: A ti igual. Cuídate.

English

-John: Hi, Karina, long time no see.

-Karina: Hi, John, certainly.

-John: How have you been?

-Karina: Things have been a little complicated lately.

-John: Why do you say it, Karina?

-Karina: I separated from my husband a year ago. I asked for a divorce, but he hasn't signed yet.

-John: That's bad news. I'm really sorry.

-Karina: Don't worry, that's not the worst.

-John: And what is it?

-Karina: That I've been seeing someone and he asked me to be his girlfriend.

-John: What's wrong with that?

Karina: Until my ex-husband signs the divorce papers, I don't feel comfortable being someone else's girlfriend.

-John: I see, and how long have you been dating?

-Karina: About two months but he had been flirting with me since before.

-John: It's a complicated situation. I think it's best if you talk to him and make things clear.

-Karina: That's what I'll do. Tell me, how is your wife?

-John: She's quite well. She must be picking up the children at school.

-Karina: I'm so glad she's all right. How are the children?

-John: Well, Victor had the flu last week, but he's already recovered, and Jose is excited because he made his debut on the school football team.

-Karina: I'm so happy to have seen you. It's always good to hear from you.

-John: Same here. Good luck to you.

Hablando Sobre Pasatiempos- Talking About Hobbies

Spanish

-Fred: Hey, tú eres Alex, ¿Cierto?
-Alex: Si señor.
-Fred: Mucho gusto, soy el entrevistador.
-Alex: Un placer conocerlo.
-Fred: Muchas gracias.
-Alex: Estoy aquí para pedir una beca.
-Fred: Lo sé, necesito información sobre tus pasatiempos, y tus habilidades.
-Alex: Perfecto, ¿Sobre qué quiere que le hable primero?
-Fred: Sobre tus pasatiempos.
-Alex: Bueno, me gusta bastante el beisbol, estoy en el equipo de la ciudad y práctico todos los martes y jueves durante dos horas. También me gusta salir a trotar en las mañanas antes de desayunar unos cinco kilómetros. Estaba en natación pero tuve que salirme porque no tenía suficiente tiempo.
-Fred: Veo que eres una persona atlética, ¿qué tal se te da la música?
-Alex: No muy bien, asistí a clases de piano por dos meses y no aprendí mucho. Me cuesta bastante aprender.
-Fred: Entiendo. Ahora háblame un poco sobre tus habilidades.

-Alex: Soy muy bueno para dibujar, no tanto para pintar. Se ingles a nivel avanzado y el español es mi lengua materna.
-Fred: ¿Eres bueno en matemática?
-Alex: Mas o menos.
-Fred: Eso es todo, muchas gracias. Te llamaremos.
-Alex: Genial, gracias a usted

English

-Fred: Hey, you're Alex, right?
-Alex: Yes, sir.
-Fred: Nice to meet you. I'm the interviewer.
-Alex: Nice to meet you.
-Fred: Thank you very much.
-Alex: I'm here to ask for a scholarship.
-Fred: I know. I need information about your hobbies and your skills.
-Alex: Perfect. What do you want me to talk to you about first?
-Fred: About your hobbies.
-Alex: Well, I like baseball a lot. I'm on the city team, and I practice every Tuesday and Thursday for two hours. I also like to go jogging in the morning before breakfast for about five kilometers. I was in swimming, but I had to quit because I didn't have enough time.
-Fred: I see you're an athletic person. Don't you like music?
-Alex: Not so much. I took piano lessons for two months and didn't learn much. It's hard for me to learn.

-Fred: I understand. Now tell me a little bit about your skills.

-Alex: I'm very good at drawing, not so good at painting. I know English at an advanced level, and Spanish is my mother tongue.

-Fred: Are you good at math?

-Alex: More or less.

-Fred: That's all. Thank you very much. We'll call you back.

-Alex: Great, thanks to you.

Hablando Sobre Mascotas- Talking About Pets

Spanish

-Doctor: Buenas tardes, siéntese
-María: Buenas tardes, muchas gracias.
-Doctor: ¿Por qué esta acá?
-María: Vine porque tengo una alergia en la piel desde hace un tiempo.
-Doctor: A ver.
-María: Es esta.
-Doctor: Ya veo. ¿Tiene usted mascotas?
-María: Si doctor, ¿Por qué?
-Doctor: ¿Qué mascotas tiene?
-María: Tengo un perro, dos gatos, dos loros, cuatro peces, una tortuga, un conejo, un erizo y hace unos días rescate a un mono.
-Doctor: ¿Cuántos días tiene con la alergia?
-María: Cinco días.
-Doctor: ¿Cuándo rescato al mono?
-María: Hace cinco días… Ah, ahora tiene sentido.
-Doctor: Exacto.
-Maria: Muchas gracias doctor.
-Doctor: No se preocupe.

English

-Doctor: Good afternoon. Sit down.

-Mary: Good afternoon. Thank you very much.

-Doctor: Why are you here?

-Mary: I came here because I've had an allergy on my skin for some time now.

-Doctor: Let's see.

-Mary: This is it.

-Doctor: I see. Do you have pets?

-Mary: Yes doctor, why?

-Doctor: What pets do you have?

-Mary: I have a dog, two cats, two parrots, four fishes, a turtle, a rabbit, a hedgehog, and a few days ago, I rescued a monkey.

-Doctor: How many days do you have an allergy?

-Mary: Five days.

-Doctor: When did you rescue the monkey?

-Mary: Five days ago... Oh, now it makes sense.

-Doctor: Exactly.

-Mary: Thank you very much, doctor.

-Doctor: Don't worry.

Hablando Sobre Música-Talking About Music

Spanish

-Kenia: Sofia, ¿conoces algún DJ que pueda estar en la fiesta de hoy?
-Sofia: Si, conozco varios.
-Kenia: ¿Cuál es el mejor?
-Sofia: Depende, ¿Cuál es tu tipo de música favorito?
-Kenia: Mmm, no lo sé. Me gusta bastante el pop, pero también me encanta bailar hip hop.
-Sofia: Perfecto, entonces DJ Loco es el mejor.
-Kenia: Aunque, últimamente me fascinan las canciones que están sacando con cantantes latinos.
-Sofia: ¿El reggaetón?
-Kenia: Creo que sí. ¿A ti que tipo de música te gusta?
-Sofia: Mi favorito es el blues y luego el jazz, pero amo el rock y la música techno.
-Kenia: ¿Unos gustos muy variados no?
-Sofia: Jajaja, eso me han dicho.

English

-Kenya: Sofia, do you know any DJs who could be at today's party?
-Sofia: Yes, I know some.
-Kenya: Which is the best?

-Sofia: Depends. What's your favorite type of music?

-Kenya: Mmm, I don't know. I like pop a lot, but I also love to dance hip-hop.

-Sofia: Perfect. So, DJ Loco is the best.

-Kenya: Although, lately I'm fascinated by the songs they're releasing with Latin singers.

-Sofia: Reggaeton?

-Kenya: I think so. What kind of music do you like?

-Sofia: My favorite is blues and then jazz, but I love rock and techno.

-Kenya: Very varied tastes, isn't it?

-Sofia: Hahaha, that's what I've been told.

Hablando Sobre Gastronomía- Talking About Cuisine

Spanish

-Hector: Daniela, voy a ir a almorzar al centro comercial, ¿Quieres venir?
-Daniela: Si claro, ya estaba por almorzar yo también
-Hector: Genial.
-Daniela: ¿Qué vas a comer?
-Hector: Estaba pensando en una hamburguesa.
-Daniela: ¿No comiste eso ayer?
-Hector: Si, es que son deliciosas.
-Daniela: Lo sé.
-Hector: Y tú, ¿Qué vas a comer?
-Daniela: Estaba pensando en comer comida Venezolana. Escuche que es muy rica.
-Hector: ¿En serio?
-Daniela: Si, me hablaron del pabellón.
-Hector: ¿Y eso que es?
-Daniela: Arroz, plátano frito, caraotas y carne.
-Hector: Suena bien. Quizás lo pruebe
-Daniela: Genial.
-Hector: ¿Cuál es tu tipo de comida favorita?
-Daniela: Amo la comida italiana.
-Hector: Yo tengo debilidad por la cocina francesa.

-Daniela: No me gusta mucho. Muy dulce.
-Hector: Por eso es que me gusta. Y también me gusta la Alemana.
-Daniela: No la he probado.
-Hector: Deberías.
-Daniela: Hay un restaurante donde tienen los platos típicos de distintos países, ahí voy a comer el pabellón. Tú puedes pedir comida alemana y yo la venezolana y así probamos un poco de cada una.
-Hector: Perfecto. Vamos entonces.

English

-Hector: Daniela, I'm going to have lunch at the mall. Do you want to come?
-Daniela: Of course. I was about to have lunch too.
-Hector: Great.
-Daniela: What are you going to eat?
-Hector: I was thinking about a hamburger.
-Daniela: Didn't you eat that yesterday?
-Hector: Yes, they're delicious.
-Daniela: I know.
-Hector: And you, what are you going to eat?
-Daniela: I was thinking about eating Venezuelan food. I heard it's very tasty.
-Hector: Really?
-Daniela: Yes, they told me about the pabellon.

-Hector: What's that?

-Daniela: Rice, fried plantains, black beans, and meat.

-Hector: Sounds good. Maybe I'll try it.

-Daniela: Great.

-Hector: What's your favorite type of food?

-Daniela: I love Italian food.

-Hector: I have a weakness for French cuisine.

-Daniela: I don't like it very much. Too sweet.

-Hector: That's why I like it. And I also like German cuisine.

-Daniela: I haven't tried it.

-Hector: You should.

-Daniela: There's a restaurant where they have typical dishes from different countries. I'm going to eat the pabellon there. You can order German food, and I'll order Venezuelan food, so we can try a little of each one.

-Hector: Perfect. Let's go then.

Hablando de redes Sociales- Talking about Social Networks

Spanish

-Jessica: Anoche en la reunión de Sebastián conocí a un chico muy guapo.
-Verónica: ¿En serio? ¿Cómo se llama?
- Jessica: No se, hablamos mucho pero no le pregunte su nombre.
-Verónica: ¿Y el te pregunto el tuyo?
- Jessica: Si, pero no le di mi numero.
-Verónica: ¿Y ahora como van a hablar?
- Jessica: Esperare a otra reunión para verlo.
-Verónica: Quizás te busque por las redes sociales.
- Jessica: Yo no uso eso.
-Verónica: ¿Ninguna? ¿Ni Instagram, ni Facebook, ni Snapchat ni Twitter?
- Jessica: No, no se para que funcionan.
-Verónica: En Facebook agregas amigos, suben fotos y videos, textos, álbumes de fotos, hay juegos y otras aplicaciones integradas; en Instagram se suben fotos y los demás comentan; en Snapchat te tomas fotos y hay muchos filtros para jugar; y en twitter escribes tu opinión sobre cosas o como te sientes.
- Jessica: ¿Tú las usas?

-Veronica: Claro. Y cuando quiero que me agreguen en Instagram, Snapchat o Twitter doy mi usuario y así me consiguen.
- Jessica: Ya veo.
-Veronica: Úsalas y sígueme en @Veronica y agregame en Facebook como Sofia Marrero.
- Jessica: Perfecto.

English

- Jessica: Last night at Sebastian's meeting, I met a very handsome boy.
-Veronica: Really? What's his name?
- Jessica: I don't know. We talked a lot, but I didn't ask his name.
-Veronica: And he asked you yours?
- Jessica: Yes, but I didn't give him my number.
-Veronica: How are you going to talk now?
- Jessica: I'll wait for another meeting to see him.
-Veronica: Maybe he'll search for you on social networks.
- Jessica: I don't use that.
-Veronica: None? No Instagram, no Facebook, no Snapchat, no Twitter?
- Jessica: No, I don't know what they are used for.
-Veronica: In Facebook, you add friends, upload photos and videos, texts, photo albums, there are games and other integrated applications. In Instagram, you upload photos and

comment on others. In Snapchat, you take photos, and there are many filters to play, and on Twitter, you write your opinion about things or how you feel.

- Jessica: Do you use them?

-Veronica: Sure. And when I want to be added in Instagram, Snapchat, or Twitter, I give my user, and so they look for me.

- Jessica: I see.

-Veronica: Use them and follow me in @Veronica and add me on Facebook as Veronica Marrero.

- Jessica: Perfect.

Hablando de sentimientos- Talking about feelings

Spanish

-Mónica: Mamá, ¿podemos hablar?
-Madre: Claro hija, ¿Qué pasa?
-Mónica: Es que últimamente me he sentido triste.
-Madre: ¿Y eso porque?
-Mónica: Es que no me ha ido bien en clases.
-Madre: ¿En cuáles?
-Mónica: En física, la profesora es mala enseñando y eso me molesta.
-Madre: Estudia por tu cuenta.
-Mónica: Eso hago, pero me desespero por no entender.
-Madre: ¿Y las demás materias?
-Mónica: En arte soy feliz, deporte siempre me cansa mucho y matemática me frustra.
-Madre: Tienes que ser paciente y enfocarte.
-Mónica: Eso estoy intentando pero me siento atascada.
-Madre: Relájate hija, tu puedes hacerlo. Vamos a pasear y nos comemos un helado para que te calmes un poco.
-Mónica: Gracias mamá, eres la mejor.

English

-Monica: Mom, can we talk?
-Mother: Of course, daughter. What's wrong?
-Monica: I've been feeling sad lately.
-Mother: Why is that?
-Monica: I didn't do well in class.
-Mother: Which ones?
-Monica: In physics, the teacher is a bad teacher and that bothers me.
-Mother: Study on your own.
-Monica: That's what I do, but I despair because I don't understand.
-Mother: What about other subjects?
-Monica: In art, I am happy. Sport always tires me a lot, and mathematics frustrates me.
-Mother: You have to be patient and focused.
-Monica: That's what I'm trying to do, but I feel stuck.
-Mother: Relax daughter, you can do it. Let's go for a walk and have some ice cream to calm you down a bit.
-Monica: Thanks mom, you're the best.

Hablando Sobre Libros- Talking about Books

Spanish

-Madre: Hija, voy saliendo a una feria de libros que hay en la plaza, ¿Vienes?
-Hija: Claro má, sabes que me encanta leer.
-Madre: Esa es mi hija.
-Hija: Además, acabo de terminar el último libro que compre. Necesito unos nuevos.
-Madre: ¿De qué se trataba?
-Hija: Era un libro de suspenso pero tenía un montón de comedia.
-Madre: Ya veo, ¿Esos son tus favoritos?
-Hija: Esos me gustan bastante, me entretienen. Sin embargo, mis favoritos son los de misterios y fantasmas.
-Madre: A mí no me gustan esos. Yo prefiero los de romance y los de autoayuda.
-Hija: Son buenos, pero me aburren.
-Madre: Cada quien tiene sus preferencias.
-Hija: Eso es correcto. A mi padre le gustan más los de fantasías y magia.
-Madre: Y a tu hermano se aburre con las biografías y los de política.
-Hija: No lo culpo.

English

-Mother: Daughter, I'm going to a book fair in the square, are you coming?

-Daughter: Of course, mom. You know I love to read.

-Mother: That's my daughter.

-Daughter: Besides, I just finished the last book I bought. I need some new ones.

-Mother: What was it about?

-Daughter: It was a suspense book, but it had a lot of comedy.

-Mother: I see, are those your favorites?

-Daughter: I like them a lot, they entertain me. However, my favorites are those of mysteries and ghosts.

-Mother: I don't like those. I prefer romance and self-help.

-Daughter: They're good, but they bore me.

-Mother: Everyone has their own preferences.

-Daughter: That's right. My father likes fantasies and magic better.

-Mother: And your brother gets bored with biographies and politics.

-Daughter: I don't blame him.

Hablando sobre Política- Talking about Politics

Spanish

-Profesor: Buenos días estudiantes. ¿Vieron las películas que les recomendé?

-Estudiante 1: Si profesor, es buena la idea que dan sobre los distintos sistemas políticos

-Profesor: ¿Pueden decirme cuales eran?

-Estudiante 2: Monarquía, democracia, republica, dictadura, fascismo, teocracia y otros.

-Profesor: Muy bien. ¿Cuál es el mejor?

-Estudiante 3: Es difícil elegir uno. Todos tienen sus pros y contras.

-Profesor: Excelente respuesta. Ningún sistema político es perfecto.

English

-Teacher: Good morning, students. Did you see the films I recommended?

-Student 1: Yes, professor. They give a good idea about the different political systems.

-Professor: Can you tell me what they were?

-Student 2: Monarchy, democracy, republic, dictatorship, fascism, theocracy, and others.

-Professor: Very well. Which is the best?

-Student 3: It's hard to choose one. They all have their pros and cons.

-Teacher: Excellent answer. No political system is perfect.

Hablando sobre Religion- Talking about Religion

Spanish

-Jean: Bienvenido a mi casa amigo mío.
-Howard: Muchas gracias, está muy bonita.
-Jean: Muchas gracias. Sígueme, por acá esta la biblioteca.
-Howard: Perfecto.
-Jean: Bueno, aquí es.
-Howard: Vaya, tienen montones de libros.
-Jean: Si, mi papá lee bastante. Es curioso con las religiones.
-Howard: Yo soy budista.
-Jean: Que bien, a mi papá le encantara conocerte. Leyó un libro sobre el budismo hace poco.
-Howard: ¿Ustedes que son?
-Jean: Somos cristianos.
-Howard: Entiendo.
-Jean: Sin embargo mi papá sabe bastante sobre muchas religiones como el catolicismo, el ateísmo, el budismo, el judaísmo, el islamismo, hinduismo y muchas otras que no recuerdo.
-Howard: Debe haber leído mucho.
-Jean: No lo dudo.

English

-Jean: Welcome to my home, my friend.

-Howard: Thank you very much. It looks very nice.

-Jean: Thank you very much. Follow me, here is the library.

-Howard: Perfect.

-Jean: Well, here it is.

-Howard: Wow, you have lots of books.

-Jean: Yeah, my dad reads a lot. He's curious about religions.

-Howard: I'm a Buddhist.

-Jean: Well, my dad would love to meet you. He read a book about Buddhism recently.

-Howard: What are you?

-Jean: We're Christians.

-Howard: I understand.

-Jean: But my dad knows a lot about many religions like Catholicism, atheism, Buddhism, Judaism, Islam, Hinduism, and many others that I don't remember.

-Howard: He must have read a lot.

-Jean: I don't doubt it.

Documentación-Documentation

Spanish

-Adriana: Buenos días. ¿Cómo esta?

-Carlos: Buenos días, muy bien ¿en que la puedo ayudar?

-Adriana: Ayer perdí mi bolsa con toda mi documentación y necesito unas nuevas.

-Carlos: ¿Esta indocumentada?

-Adriana: Así es, necesito sacar mi identificación, mi licencia de conducir y mi tarjeta de crédito

-Carlos: Acá solo puedo ayudarla con la identificación y la licencia de conducir.

-Adriana: Esta bien.

-Carlos: ¿Cuál era su número de identificación o número de identidad?

-Adriana: Era 112398734

-Carlos: Perfecto. ¿Es usted Adriana Miller?

-Adriana: Correcto.

-Carlos: Listo la identificación, ahora la licencia.

-Adriana: Muchísimas gracias. ¿La tarjeta de crédito debe ser en el banco?

-Carlos: Así es.

-Adriana: También perdí mi pasaporte, ¿Dónde puedo pedir uno nuevo?

-Carlos: Tengo un amigo que puede ayudarte, vamos a llamarlo.

-Adriana: Genial. No sabes cuánto lo agradezco.

English

-Adriana: Good morning. How are you?

-Carlos: Good morning. Very well. How can I help you?

-Adriana: Yesterday, I lost my bag with all my documentation, and I need new documents.

-Carlos: Are you undocumented?

-Adriana: That's right. I need to get my ID, my driver's license, and my credit card.

-Carlos: I can only help you with identification and driver's license.

-Adriana: It's okay.

-Carlos: What was your identification number or identity number?

-Adriana: It was 112398734.

-Carlos: Perfect. Are you Adriana Miller?

-Adriana: Correct.

-Carlos: Done with the identification, now the license.

-Adriana: Thank you very much. Does the credit card have to be in the bank?

-Carlos: That's right.

-Adriana: I also lost my passport. Where can I order a new one?

-Carlos: I have a friend who can help you, let's call him.

-Adriana: Great. You don't know how much I appreciate it.

Número telefónico - Phone number

Spanish

-Valentina: Hola Steve, ¿Cómo estás?

-Steve: Hola Valentina, todo bien, ¿Tu?

-Valentina: Hoy estoy mejor, ayer tuve nauseas y no pude venir a clases.

-Steve: Eso te iba a preguntar.

-Valentina: ¿Qué hicieron ayer en clases?

-Steve: El profesor hizo un montón de ejercicios y envió tarea para la casa.

-Valentina: ¿Me prestas tu cuaderno para ver?

-Steve: Esta en mi casa.

-Valentina: Dame tu numero celular y me envías las fotos.

-Steve: Me parece bien, es 99933441.

-Valentina: Muchas gracias.

-Steve: Dame el tuyo en caso de que lo olvides

-Valentina: Mi número celular es 99933445 y mi número de teléfono de la casa es 88822111.

-Steve: Vale, te llamo en la tarde.

English

-Valentina: Hi Steve, how are you?

-Steve: Hi Valentina, all right, you?

-Valentina: Today, I'm better. Yesterday, I was nauseous, and I couldn't come to class.

-Steve: That's what I was going to ask you.

-Valentina: What did you do in class yesterday?

-Steve: The professor did a lot of exercises and sent homework.

-Valentina: Can I borrow your notebook to see?

-Steve: It's in my house.

-Valentina: Give me your cell phone number and send me the photos.

-Steve: That's fine. It's 99933441.

-Valentina: Thank you very much.

-Steve: Give me yours in case you forget.

-Valentina: My cell phone number is 99933445, and my home phone number is 88822111.

-Steve: Okay, I'll call you in the afternoon.

Correo electrónico-Email

Spanish

-Oswaldo: Buenas noches. Vengo a pedir información sobre un evento.
-Manager: Buenas noches. ¿De cuál evento?
-Oswaldo: Del curso de marketing.
-Manager: Hay tres eventos, uno el sábado, otro el lunes y el ultimo el miércoles.
-Oswaldo: ¿A qué hora? ¿Cuestan lo mismo? ¿Quiénes serán los profesores?
-Manager: En este momento no recuerdo, dame tu correo electrónico y te puedo pasar los flyers por allí.
-Oswaldo: Perfecto, mi correo electrónico es Oswaldo123@OSW.com
-Manager: Listo.
-Oswaldo: Para reservar puede ser por correo también, ¿Cierto?
-Manager: Exacto. Si tienes dudas puedes venir de nuevo.
-Oswaldo: Perfecto; Gracias. Que tenga buen día
-Manager: Igual tu.

English

-Oswaldo: Good evening. I come to ask for information about the event.
-Manager: Good evening. Which event?
-Oswaldo: From the marketing course.
-Manager: There are three events, one on Saturday, another on Monday, and the last one on Wednesday.
-Oswaldo: What time? Do they cost the same? Who will be the teachers?
-Manager: At this moment, I don't remember. Give me your email, and I can send you the flyers there.
-Oswaldo: Perfect. My email is Oswaldo123@OSW.com
-Manager: Ready.
-Oswaldo: To book can be by mail too, right?
-Manager: Exactly. If you have doubts, you can come again.
-Oswaldo: Perfect. Thank you. Have a nice day.
-Manager: Same as you.

Educación-Education

Spanish

-Mark: ¿Tú eres Betty Thompson?
-Betty: Si, ¿Quién eres tú?
-Mark: Soy Mark Jordan, estudie contigo en preescolar en la escuela Chatter.
-Betty: Ah ya me acuerdo de ti.
-Mark: Me alegro.
-Betty: ¿Porque te fuiste de esa escuela?
-Mark: Mis padres tuvieron que mudarse por el trabajo y me fui con ellos.
-Betty: Ya veo.
-Mark: Si, me encantaba esa escuela.
-Betty: ¿Y a donde te fuiste?
-Mark: Bueno, termine preescolar en Nueva York; luego termine primaria en California, secundaria en Miami y estoy estudiando ingeniería mecánica en una universidad aquí en Michigan.
-Betty: Viajaste bastante, ¿no?
-Mark: Un montón, era frustrante. ¿Tú qué hiciste?
-Betty: Me mantuve en la Chatter hasta que termine secundaria; hice varios cursos de diseño web, me certifique en alemán y estoy estudiando economía en Orlando. Pero vine de vacaciones.
-Mark: Que buena noticia, has aprovechado tu tiempo.

-Betty: Así es.
-Mark: Fue bueno haberte visto de nuevo.
-Betty: Lo mismo digo.
-Mark: Que tengas éxito con tus estudios.
-Betty: Igual para ti.

English

Mark: Are you Betty Thompson?
-Betty: Yes, who are you?
-Mark: I'm Mark Jordan. I studied with you in preschool at Chatter School.
-Betty: Ah, I remember you.
-Mark: I'm glad.
-Betty: Why did you leave that school?
-Mark: My parents had to move because of work, and I went with them.
-Betty: I see.
-Mark: Yeah, I loved that school.
-Betty: And where did you go?
-Mark: Well, I finished preschool in New York. Then, I finished elementary school in California, high school in Miami, and I'm studying mechanical engineering at a university here in Michigan.
-Betty: You traveled a lot, didn't you?
-Mark: A lot. It was frustrating. What did you do?

-Betty: I stayed at the Chatter until I finished high school. I took some Web design courses, got certified in German, and I'm studying economics in Orlando. But I came on vacation.

-Mark: Good news. You've made the most of your time.

-Betty: That's right.

-Mark: It was good to see you again.

-Betty: Same here.

-Mark: Success with your studies.

-Betty: Same for you.

Dando mi dirección- Giving my Address

Spanish

-Harry: Buenas tardes; me gustaría comprar diez carpas familiares.
-Bruce: Buenas tardes; perfecto. ¿Sabe usted de nuestro servicio de entregas?
-Harry: No, ¿Es nuevo?
-Bruce: Así es. Estamos probándolo.
-Harry: Genial, mi compra no iba a caber en mi carro.
-Bruce: Para poder usar el servicio de entregas debe darme su dirección.
-Harry: Asombroso. Yo vivo en la avenida 15, calle 4, edificio 8, piso 6, apartamento C, en Santiago de Chile, Chile.
-Bruce: Anotado. Haremos el envío mañana por la mañana y debe llegar mañana por la tarde.
-Harry: Muchas gracias. Estamos en contacto.

English

-Harry: Good afternoon. I'd like to buy ten family tents.
-Bruce: Good afternoon. Perfect. Do you know about our delivery service?
-Harry: No, is it new?
-Bruce: That's right. We're testing it.
-Harry: Great. My purchase wasn't going to fit in my car.

-Bruce: In order to use the delivery service, you must give me your address.

-Harry: Amazing. I live at 15th Avenue, 4th Street, 8th Condo 6-C in Santiago de Chile, Chile.

-Bruce: Annotated. We will ship tomorrow morning, and it should arrive tomorrow afternoon.

-Harry: Thank you very much. We are in contact.

Talla de ropa-Clothing size

Spanish

-Hanna: Hermana, ¿Tu vas a la boda de Peter?

-Allison: Claro. ¿Por qué?

-Hanna: Es que no se que ponerme.

-Allison: Yo te ayudo.

-Hanna: Gracias.

-Allison: ¿Qué tienes pensado usar?

-Hanna: Mi vestido blanco.

-Allison: ¿Y el negro?

-Hanna: Ya me queda pequeño. Es talla S y yo soy M.

-Allison: Yo tengo uno negro talla M.

-Hanna: ¿Me lo prestas?

-Allison: Claro, y me prestas el tuyo blanco

-Hanna: Seguro. Pero para el negro no tengo zapatos.

-Allison: ¿Qué talla eres?

-Hanna: Talla 8

-Allison: Yo uso 7, no te sirven.

-Hanna: No te preocupes. Mi tía tiene unos talla 8.

-Allison: Pensé que eras talla S. ¿Qué talla de pantalones usas?

-Hanna: 10.

-Allison: Somos iguales.

English

-Hanna: Sister, are you going to Peter's wedding?

-Allison: Of course. Why?

-Hanna: I don't know what to wear.

-Allison: I'll help you.

-Hanna: Thank you.

-Allison: What do you plan to use?

-Hanna: My white dress.

-Allison: What about the black one?

-Hanna: It's too small for me. Its size S and I'm M.

-Allison: I have a black one, size M.

-Hanna: Can I borrow it?

-Allison: Sure, and can I borrow your white one?

-Hanna: Sure. But I don't have shoes for the black one.

-Allison: What size are you?

-Hanna: Size 8.

-Allison: I use 7. They won't fit you.

-Hanna: Don't worry. My aunt has one size 8.

-Allison: I thought you were size S. What size pants do you wear?

-Hanna: 10.

-Allison: We're the same.

Condiciones medicas- Medical conditions

Spanish

-Enfermera: Buenas tardes.

-Chase: Buenas tardes.

-Enfermera: ¿Puede decirme que siente?

-Chase: Me siento débil y acalorado.

-Enfermera: ¿Has tomado algún medicamento?

-Chase: Aun no.

-Enfermera: ¿Tomas algún medicamento?

-Chase: ¿A qué se refiere?

-Enfermera: A si tienes alguna condición médica.

-Chase ¿Cómo diabetes o eso?

-Enfermera: Correcto.

-Chase: Bueno, tomo pastillas para la arritmia cardiaca. Soy alérgico al brócoli y a los gatos.

-Enfermera: ¿Algo más?

-Chase: A veces tengo ataques de ansiedad.

-Enfermera: ¿Tomas pastillas para eso?

-Chase: Intento no hacerlo.

-Enfermera: Entiendo. Ya escribiré su récipe.

-Chase: Muchas gracias.

English

-Nurse: Good afternoon.

-Chase: Good afternoon.

-Nurse: Can you tell me what you feel?

-Chase: I feel weak and warm.

-Nurse: Have you taken any medication?

-Chase: Not yet.

-Nurse: Do you take any medicine?

-Chase: What do you mean?

-Nurse: If you have a medical condition.

-Chase: What do you mean, like diabetes or something?

-Nurse: Correct.

-Chase: Well, I take pills for cardiac arrhythmia. I'm allergic to broccoli and cats.

-Nurse: Anything else?

-Chase: Sometimes, I have anxiety attacks.

-Nurse: Do you take pills for that?

-Chase: I try not to.

-Nurse: I understand. I'll write your prescription.

-Chase: Thank you very much.

Características de las personas- Characteristics of people

Spanish

-Nick: Buenas noches, ¿Cómo esta?

-Carl: Buenas noches, ¿Quién es?

-Nick: Estoy al frente suyo, mi nombre es Nick.

-Carl: Lo lamento Nick, pero no puedo verte, soy ciego.

-Nick: Disculpe señor, no sabía. No era mi intención ofenderlo.

-Carl: No te preocupes, no lo hiciste.

-Nick: Ok.

-Carl: Cuéntame, ¿Qué necesitas?

-Nick: Era para preguntarle una dirección. Pero ya me ubique.

-Carl: Perfecto. Oye Nick, ¿Cómo eres?

-Nick: ¿A qué se refiere?

-Carl: A tu apariencia, tus características físicas.

-Nick: Soy alto, delgado, de piel morena, pelo marrón liso, ojos negros, sin barba, labios gruesos, nariz pequeña y orejas puntiagudas.

-Carl: Ya veo, ¿Y cómo me describirías?

-Nick: Bueno, usted es bajo, un poco gordo, de piel blanca, calvo, con larga barba blanca, labios pequeños, nariz mediana y orejas grandes.

-Carl: Así me han dicho. Muchas gracias muchacho. Que te vaya bien.

-Nick: Gracias señor, a usted también.

English

-Nick: Good evening, how are you?
-Carl: Good evening, who is it?
-Nick: I'm in front of you. My name is Nick.
-Carl: I'm sorry, Nick, but I can't see you, I'm blind.
-Nick: Excuse me, sir, I didn't know. I didn't mean to offend you.
-Carl: Don't worry, you didn't.
-Nick: Okay.
-Carl: Tell me, what do you need?
-Nick: It was to ask for an address. But I've located myself.
-Carl: Perfect. Hey Nick, what are you like?
-Nick: What do you mean?
-Carl: Your appearance, your physical characteristics.
-Nick: I'm tall, thin, with brown skin, smooth brown hair, black eyes, no beard, thick lips, small nose, and pointed ears.
-Carl: I see, and how would you describe me?
-Nick: Well, you're short, a bit fat, white-skinned, bald, with a long white beard, small lips, medium nose, and big ears.
-Carl: So I've been told. Thank you very much, boy. Have a good night.
-Nick: Thank you, sir, you too.

Chapter 2: Going on vacations – Yendo de Vacaciones

Empacando/Haciendo las maletas- Packing up

Spanish

-Carla: Buenos días niños, levántense, hoy nos vamos de viaje y debemos empacar.
-Noah: Esta bien mamá, ya me levanto.
-Agatha: Es muy temprano mami, me levanto luego.
-Carla: No hija, levántate ahorita y haz eso temprano, así podemos revisar si falta algo.
-Noah: ¿Qué me llevo mami?
-Carla: Lleva ropa interior, unas camisas, pantalones y suéteres, puedes guardar tu laptop y un videojuego.
-Noah: Esta bien, ¿Y zapatos?
-Carla: Claro hijo, casi se me olvida, lleva también unos zapatos.
-Noah: ¿Llevo la maleta grande o la maleta pequeña y un bolso?
-Carla: Lleva mejor la maleta pequeña y un bolso.
-Noah: Ok.
-Carla: Agatha levántate y haz tus maletas.
-Agatha: Esta bien.
-Carla: Lleva tu también lo que le dije a tu hermano, agarra la maleta grande y guarda todo allí, también busca toallas, sabanas y cobijas para poder dormir.

-Agatha: ¿Me puedo llevar mi almohada?
-Carla: Creo que sí, para que duermas en el avión.
-Agatha: ¿Y medicinas y artículos de higiene?
-Carla: Eso lo llevo yo en mi bolso de mano.
-Agatha: Esta bien mamá.
-Carla: Avísame si necesitas ayuda.
-Agatha: Tranquila, ve a empacar tu también.
-Carla: Esta bien. No olviden sus trajes de baño.
-Agatha y Noah: Esta bien.

English

-Carla: Good morning, children. Get up. Today we are going on a trip, and we must pack up.
-Noah: Okay, Mom, I'll get up.
-Agatha: It's very early, Mommy, I'll get up later.
-Carla: No daughter, get up now and do that early so we can check if anything is missing.
-Noah: What am I taking, Mommy?
-Carla: Take underwear, some shirts, pants, and sweaters. You can take your laptop and a video game.
-Noah: Okay, what about shoes?
-Carla: Sure, son, I almost forgot, take also some shoes.
-Noah: Should I bring the big suitcase or the small suitcase and a bag?
-Carla: Bring a small suitcase and a bag.
-Noah: Okay.

-Carla: Agatha, get up and pack your bags.

-Agatha: Okay.

-Carla: You take what I told your brother. Take the big suitcase and put everything there. Also, look for towels, sheets, and blankets to sleep on.

-Agatha: Can I take my pillow?

-Carla: I think so, so you can sleep on the plane.

-Agatha: What about medicines and hygiene items?

-Carla: I carry that in my handbag.

-Agatha: It's okay, Mom.

-Carla: Let me know if you need help.

-Agatha: Don't worry, go pack up too.

-Carla: It's okay. Don't forget your bathing suits.

-Agatha and Noah: It's okay.

Yendo al Aeropuerto- Going to the airport

Spanish

-Carla: Bueno hijos, llego el chofer. Saquen las maletas y vamos a montarlas en el carro.
-Noah: Ya busco mi maleta.
-Agatha: Yo tengo la mía aquí.
-Carla: Muy bien hija, entrégasela al chofer.
-Agatha: Aquí tiene.
-Chofer: Gracias. Vaya, está muy pesada esta maleta.
-Agatha: Si, llevo mi cobija favorita y muchas toallas.
-Chofer: ¿Revisaste si excede el límite de peso permitido?
-Agatha: No, no me fije.
-Carla: ¿Cuánto es el peso permitido?
-Chofer: Creo que son 25 kilogramos.
-Carla: ¿Tiene usted para pesar?
-Chofer: Por suerte si, aquí tengo una balanza portátil.
-Carla: Muchas gracias.
-Chofer: Veamos.... Pesa 23 kilogramos, por poco.
-Carla: Menos mal.
-Noah: Aquí tengo mi maleta.
-Chofer: Es la última, ¿Cierto?
-Carla: Así es.
-Chofer: Podemos irnos entonces.
-Carla: De acuerdo.
...

-Chofer: Ya casi llegamos al aeropuerto, ¿Revisaron si trajeron todo?
-Carla: Si, boletos, pasaportes, cartas, reservaciones y lo más importante, mi libro de 100 conversaciones en español para principiantes.
-Chofer: Excelente, los dejaré en esta puerta. Aquí los muchachos del aeropuerto los ayudaran con sus maletas.
-Carla: Muchas gracias.
-Chofer: A su orden. Que tengan un buen viaje.
-Carla, Agatha y Noah: Muchas gracias, hasta luego.

English

-Carla: Well, kids, the driver's here. Take the bags out, and we'll put them in the car.
-Noah: I'll look for my suitcase.
-Agatha: I have mine here.
-Carla: All right, daughter, give it to the driver.
-Agatha: Here you go.
-Driver: Thank you. Well, this suitcase is very heavy.
-Agatha: Yes, I bring my favorite blanket and many towels.
-Driver: Did you check if it exceeds the weight limit?
-Agatha: No, I didn't check.
-Carla: How much is the allowed weight?
-Driver: I think it is 25 kilograms.
-Carla: Do you have to weigh?
-Driver: Luckily, I have a portable weighing scale here.

-Carla: Thank you very much.

-Driver: Let's see... It weighs 23 kilograms, almost there.

-Carla: Thank goodness.

-Noah: Here's my suitcase.

-Driver: It's the last one, right?

-Carla: That's right.

-Driver: We can go then.

-Carla: Okay.

...

-Driver: We're almost to the airport. Did you check if you brought everything?

-Carla: Yes, tickets, passports, letters, reservations, and most importantly, my book of 100 conversations in Spanish for beginners.

-Driver: Excellent, I'll leave you at this door. Here, the boys from the airport will help you with your luggage.

-Carla: Thank you very much.

-Driver: At your order. Have a nice trip.

-Carla, Agatha, and Noah: Thank you very much. See you later.

Bajandose del avión-Getting off the plane

Spanish

-Carla: Prepárense hijos, el avión va a aterrizar.
-Noah: Que bueno, ya era hora.
-Carla: ¿Agatha?
-Noah: Esta dormida .
-Carla: Bueno, mejor, así no siente el aterrizaje.
-Noah: A mí me gusta.
-Carla: Lo sé.
-Noah: ¿Qué hacemos después de aterrizar?
-Carla: Esperamos que nos dejen el puerta para desembarcar, vamos y buscamos nuestras maletas y listo.
-Noah: Que bien. ¿Qué haremos al salir del aeropuerto?
-Carla: Debo llamar a un taxi.
-Noah: Ya veo.
-Carla: Noah, despierta a tu hermana, ya casi llegamos a la puerta para desembarcar.
-Noah: Agatha despierta, ya llegamos.
-Agatha: ¿Tan rápido?
-Noah: ¿Te pareció rápido? Fueron 8 horas.
-Agatha: Creo que dormí mucho jajaja.
-Noah: Dormiste casi todo el viaje jajaja.
-Carla: Bajémonos, hay que ir a buscar las maletas y ya podremos irnos de aquí.
-Agatha: Espera, necesito ir al baño.

-Carla: Pregúntale a aquel oficial que donde está el baño.

-Agatha: Esta bien

...

-Agatha: Disculpe, ¿Dónde está el baño?

-Oficial: Pasando la feria de comida, a la izquierda.

-Agatha: Muchas gracias.

English

-Carla: Get ready, children, the plane is going to land.

-Noah: Good. It was time.

-Carla: Agatha?

-Noah: She's asleep.

-Carla: Well, better, so she doesn't feel the landing.

-Noah: I like it.

-Carla: I know.

-Noah: What do we do after landing?

-Carla: We wait to get to the door to disembark. We go and pick up our luggage, and that's it.

-Noah: That's good. What will we do when we leave the airport?

-Carla: I have to call a taxi.

-Noah: I see.

-Carla: Noah, wake up your sister, we're almost at the door to disembark.

-Noah: Agatha, wake up, we're here.

-Agatha: So fast?

-Noah: Did you think it was fast? It took 8 hours.

-Agatha: I think I slept a lot. Hahaha.

-Noah: You slept almost the whole trip. Hahaha.

-Carla: Let's go down, we have to go get the luggage, and we can leave here.

-Agatha: Wait, I need to go to the bathroom.

-Carla: Ask that officer where the bathroom is.

-Agatha: It's okay.

...

-Agatha: Excuse me, where's the bathroom?

-Officer: Pass the food fair, on the left.

-Agatha: Thank you very much.

Llamando a un taxi- Calling a taxi

Spanish

-Carla: Alo, ¿es Frank el taxista?
-Frank: Si, ¿Quién habla?
-Carla: Hola, soy Carla, mi chofer me dio su número, dijo que usted era su primo.
-Frank: Ahh si, ¿Ya está en el aeropuerto?
-Carla: Así es.
-Frank: Perfecto, voy en camino a recogerla.
-Carla: Muchas gracias.
-Frank: ¿A dónde va a querer que la lleve?
-Carla: Al hotel cuatro estrellas que está cerca del centro de la ciudad.
-Frank: ¿El que tiene piscina o el que no tiene piscina?
-Carla: El que tiene la piscina.
-Frank: Excelente. Ya sé cuál es. Espéreme ahí afuera del aeropuerto, llego en 20 minutos.
-Carla: Ok, aquí lo esperamos.
-Frank: Nos vemos.
-Noah: ¿Qué dijo el taxista?
-Carla: Que lo esperáramos aquí afuera, que ya venía en camino.
-Noah: ¿Cuánto va a tardar?
-Carla: Dijo que como 20 minutos.
-Noah: ¿Puedo ir a jugar con esos niños?

-Carla: Si, pero con cuidado.

English

-Carla: Alo, is Frank the taxi driver?
-Frank: Yes, who is this?
-Carla: Hi, it's Carla. My driver gave me your number, said you were his cousin.
-Frank: Ahh yeah. Are you at the airport already?
-Carla: That's right.
-Frank: Perfect, I'm on my way to pick you up.
-Carla: Thank you very much.
-Frank: Where do you want me to take you?
Carla: To the four-star hotel near the city center.
-Frank: The one with the pool or the one without the pool?
-Carla: The one with the pool.
-Frank: Excellent. I know which one. Wait for me outside the airport, I'll be there in 20 minutes.
-Carla: Okay, here we wait.
-Frank: See you.
-Noah: What did the taxi driver just say?
-Carla: To wait for him out here, he was already on his way.
-Noah: How long will it take?
-Carla: He said about 20 minutes.
-Noah: Can I go play with those kids?
-Carla: Yes, but be careful.

Soy turista - I'm a tourist

Spanish

-Noah: Hola, ¿Qué juegan?
-Mathias: Jugamos a la ere.
-Noah: ¿La ere? ¿Qué es eso?
-Mathias: ¿No sabes que es la ere?
-Noah: No, nunca lo he jugado.
-Mathias: Bueno, el que sea la ere tiene que correr y tocar a otra persona para que esa persona se convierta en la ere.
-Noah: Ahh, así como las traes.
-Mathias: ¿Las traes?
-Noah: Si, es igualito a ese juego.
-Mathias: Nunca había escuchado.
-Noah: De donde vengo se llama así.
-Mathias ¿Y de dónde vienes?
-Noah: Ahh, no te había dicho, soy turista, no soy de aquí.
-Mathias: Ahh ya.

English

-Noah: Hey, what are you playing?
-Mathias: We are playing La ere.
-Noah: La ere? What's that?
-Mathias: Don't you know what la ere is?
-Noah: No, I've never played it.

-Mathias: Well, whoever is La ere has to run and touch another person so that that person becomes La ere.

-Noah: Ahh, just like the tag game.

-Mathias: The tag game?

-Noah: Yeah, it's just like your game.

-Mathias: I've never heard it before.

-Noah: Where I come from it's called like that.

-Mathias: And where do you come from?

-Noah: Ahh, I didn't tell you. I'm a tourist. I'm not from here.

-Mathias: Oh, got it.

Llegando al hotel- Getting to the hotel

Spanish

-Frank: Ya estamos cerca del hotel.
-Clara: ¿Escuchaste Noah? Ya vamos a llegar al hotel.
-Noah: ¡Qué emoción!
-Agatha: Por fin, ya no quiero seguir moviendo las maletas.
-Clara: Ya falta poco hija, llegamos al hotel, las dejamos en la habitación y nos olvidaremos de ellas por un tiempo.
-Agatha: Menos mal.
-Frank: Bueno, aquí estamos.
-Clara: Muchas gracias Frank.
-Frank: No se preocupe. Déjeme ayudarla a bajar las maletas.
-Clara: Ya estoy cansada.
-Frank: Me imagino.
-Clara: Hasta luego Frank. Que estés bien.
-Frank: Hasta luego Clara, si necesitas un taxi, no dudes en llamarme.
-Clara: Seguro que lo hare.
-Noah: Chao Frank, gracias por todo.
-Clara: Bueno chicos, entremos.
-Recepcionista: Buenas tardes, ¿en qué puedo ayudarlos?
-Clara: Buenas tardes. Mi nombre es Clara Friedman, hice una reservación por internet de una habitación familiar para un periodo de un mes.
-Recepcionista: Muy bien, ¿tiene el número de reservación?

-Clara: 122333.

-Recepcionista: Perfecto. Todo en orden, aquí tiene la llave, su habitación es la 104.

-Clara: Muchas gracias.

-Recepcionista: Deje las maletas aquí, el encargado de equipaje las llevara a su habitación.

-Clara: ¿En serio? Qué buena noticia, muchísimas gracias.

-Recepcionista: A su orden. Disfrute su estadía en nuestro hotel.

English

-Frank: We're close to the hotel now.

-Clara: Did you hear, Noah? We're going to get to the hotel.

-Noah: How exciting!

-Agatha: Finally, I don't want to move my luggage anymore.

-Clara: We're almost there, daughter. When we arrive at the hotel, we leave them in the room, and we'll forget about them for a while.

-Agatha: Thank goodness.

-Frank: Well, here we are.

-Clara: Thank you very much, Frank.

-Frank: Don't worry. Let me help you get your luggage down.

-Clara: I'm tired already.

-Frank: I can imagine.

-Clara: See you later, Frank. Be well.

-Frank: See you later, Clara. If you need a taxi, don't hesitate to call me.

-Clara: I'm sure I will.

-Noah: Bye Frank. Thanks for everything.

-Clara: Okay, guys. Let's go in.

-Receptionist: Good afternoon. How can I help you?

-Clara: Good afternoon. My name is Clara Friedman. I made an online reservation for a family room for a period of one month.

-Receptionist: All right, do you have the reservation number?

-Clare: 122333.

-Receptionist: Perfect. Everything is in order, here is the key, and your room is 104.

-Clara: Thank you very much.

-Receptionist: Leave the luggage here. The baggage handler will take it to your room.

-Clara: Really? That's good news. Thank you very much.

-Receptionist: On your order. Enjoy your stay in our hotel.

Divisas-Currencies

Spanish

-Carla: Buenos días, ¿Cómo esta?
-Recepcionista: Buenos días. Muy bien, ¿Usted? ¿Cómo pasaron la noche?
-Carla: Excelente, las camas son súper cómodas, la habitación muy bonita, la piscina hermosa, los niños lo están disfrutando muchísimo y la cena en la habitación fue lo mejor.
-Recepcionista: Me alegra que este disfrutando.
-Carla: Muchas gracias. Me dijeron que acá en el hotel había una o dos casas de cambio, ¿Es cierto?
-Recepcionista: Así es. Están en el tercer piso.
-Clara: Ok, que tenga buen día.
-Recepcionista: Igual usted.
...
-Clara: Buenos días, ¿Esta es una de las casas de cambio?
-Vendedor: Así es.
-Clara: Me gustaría saber cómo funciona su servicio.
-Vendedor: Usted nos da la divisa que tiene, nos dice a cual desea cambiarla y hacemos el cambio.
-Clara: Perfecto. ¿Y si necesito el dinero en una tarjeta?
-Vendedor: Nosotros le podemos prestar una pero tiene que pagar por el préstamo de la tarjeta.

-Clara: Muy bien. Toma, me gustaría cambiar todo esto a Euros, me das la mitad en efectivo y la otra mitad en una tarjeta y te cobras el préstamo.
-Vendedor: Perfecto.

English

-Carla: Good morning, how are you?
-Receptionist: Good morning. Very well, you? How did you spend the night?
-Carla: Excellent, the beds are super comfortable, the room is very nice, the swimming pool is beautiful, the children are enjoying it very much, and the dinner in the room was the best.
-Receptionist: I'm glad you're enjoying it.
-Carla: Thank you very much. I was told that here in the hotel, there were one or two exchange houses. Is it true?
-Receptionist: That's right. They're on the third floor.
-Clara: Ok, have a nice day.
-Receptionist: You too.
...
-Clara: Good morning. Is this one of the exchange houses?
-Seller: That's right.
-Clara: I would like to know how your service works.
-Seller: You give us the currency you have, you tell us which one you want to change it to, and we make the change.
-Clear: Perfect. What if I need the money on a card?

-Seller: We can lend you one, but you have to pay for the card loan.

-Clara: Very good. Here, I would like to change all this for euros. You give me half in cash and the other half in a card and you charge the loan.

-Seller: Perfect.

Alquilando un carro - Renting a car

Spanish

-Clara: Chicos, voy a salir a alquilar un carro. Quedense aquí en la habitación hasta que regrese.
-Noah: ¿Puedo pedir servicio a la habitación?
-Clara: Si, pero no pidas muchos dulces.
-Agatha: ¿Yo puedo pedir un chocolate caliente?
-Clara: Si.
-Agatha: Genial, gracias mamá.
-Clara: Alo, ¿Frank?
-Frank: Hola Clara, dime.
-Clara: Ya estoy lista para que me lleves a alquilar un carro.
-Frank: Que bueno, yo ya estoy afuera esperándote.
-Clara: Si, acabo de ver tu taxi.
-Frank: Vale, súbete.
-Clara: ¿A dónde me llevas?
-Frank: Al alquiler de carros de un amigo, tiene un montón de carros y las mejores tarifas y planes de la zona.
-Clara: Excelente. ¿Qué carro crees que debería pedir?
-Frank: Yo diría que uno pequeño, ustedes son solo tres, y no viajaran tan lejos como pedir una SUV o una van, ¿Cierto?
-Clara: Tienes razón.
-Frank: Pregunta por mi amigo Richard.
-Clara: De acuerdo.
-Frank: Es ahí, te dejo aquí y tu cruzas la calle.
-Clara: Muchas Gracias.

-Frank: Chao.

...

-Clara: Buenas tardes, ¿Esta Richard?

-Richard: Si, hola, soy yo, dígame.

-Clara: Vengo de parte de Frank, me gustaría alquilar un carro pequeño por un mes.

-Richard: ¿De Frank? Le haremos un descuento entonces.

-Clara: Excelente.

-Richard: Esos que ve allá son todos los carros pequeños que tenemos. ¿Cuál quiere?

-Clara: Creo que me quedare con el rojo, a mis hijos les gusta el rojo.

-Richard: Buena elección, ese es el más económico y le acaban de hacer mantenimiento.

-Clara: Que suerte.

English

-Clara: Guys, I'm going out to rent a car. Stay here in the room until I get back.

-Noah: Can I ask for room service?

-Clara: Yes, but don't ask for too much candy.

-Agatha: Can I order a hot chocolate?

-Clara: Yes.

-Agatha: Great, thanks, mom.

-Clara: Alo, Frank?

-Frank: Hi Clara, tell me.

-Clara: I'm ready for you to take me to rent a car.

-Frank: Well, I'm already outside waiting for you.
-Clara: Yeah, I just saw your taxi.
-Frank: Okay, get in.
-Clara: Where are you taking me?
-Frank: To a friend's car rental, he has a lot of cars and the best rates and plans in the area.
-Clara: Excellent. What car do you think I should rent?
-Frank: I'd say a small one. You're only three, and you won't be traveling as far to ask for an SUV or a van, right?
-Clara: You're right.
-Frank: Ask for my friend Richard.
-Clara: Okay.
-Frank: That's it. I'll leave you here, and you cross the street.
-Clara: Thank you very much.
-Frank: Bye.
...
-Clara: Good afternoon. Is Richard here?
-Richard: Yes, hello, it's me. Tell me.
-Clara: I come from Frank. I'd like to rent a small car for a month.
-Richard: From Frank? We'll give you a discount then.
-Clara: Excellent.
-Richard: Those are all the small cars we have. Which one do you want?
-Clara: I think I'll keep the red, my kids like the red.
-Richard: Good choice, that's the cheapest and it's just been maintained.
-Clara: Lucky you.

Pidiendo direcciones-Asking for directions

Spanish

-Clara: Disculpe, ¿Sabe usted como hago para llegar a la panadería más cercana?
-Extraño: Claro, sigue derecho por esta avenida, tres cuadras más adelante gira a la izquierda, avanza hasta una bifurcación y agarras a la derecha, das vuelta a la manzana y allí es.
-Clara: Genial, muchísimas gracias.
-Extraño: También hay otra que está cerca de la redoma, siga derecho como por cinco cuadras y en la redoma de media vuelta y ahí vera la panadería.
-Clara: Ok, entiendo.

English

-Clara: Excuse me, do you know how to get to the nearest bakery?
-Strange: Of course, go straight on this avenue. Three blocks ahead, turn left, go to a fork and take the right, turn around the block, and that's where it is.
-Clara: Great, thank you very much.
-Strange: There's also another one that's near the roundabout. Go straight for about five blocks, and in the roundabout, you'll see the bakery.
-Clear: Ok, I understand.

Conociendo gente - Meeting people

Spanish

-Clara: Buenas tardes.
-Wanda: Buenas tardes.
-Clara: ¿Tú vienes frecuentemente a esta panadería?
-Wanda: Si, ¿Por qué?
-Clara: Es que estoy aquí de vacaciones con mis niños y quería llevarles algo delicioso para desayunar.
-Wanda: ¿No eres de por aquí?
-Clara: No.
-Wanda: Mi nombre es Wanda, yo vivo aquí cerca. Encantada de conocerte. ¿Cómo te llamas?
-Clara: Mi nombre es Clara.
-Wanda: Bueno, lo más sabroso de aquí son los cachitos, son exquisitos.
-Clara: Genial. Muchísimas gracias.
-Wanda: A tu orden. Clara, toma mi número, si necesitas algún consejo sobre lugares o comidas o lo que sea, puedes escribirme y con gusto te aconsejare.
-Clara: Wao, significa mucho, gracias en serio.
-Wanda: No te preocupes. Espero saber de ti pronto.
-Clara: Seguro que sí.

English

-Clara: Good afternoon.

-Wanda: Good afternoon.

-Clara: Do you often come to this bakery?

-Wanda: Yes, why?

-Clara: I'm here on vacation with my children, and I wanted to bring them something delicious for breakfast, and I don't know what's good.

-Wanda: Aren't you from around here?

-Clara: No.

-Wanda: My name is Wanda. I live nearby. Nice to meet you. What's your name?

-Clara: My name is Clara.

-Wanda: Well, the tastiest thing here are the sandwiches. They are exquisite.

-Clara: Great. Thank you very much.

-Wanda: Clara, take my number, if you need any advice about places or food or whatever, you can write to me, and I will gladly advise you.

-Clear: Wow, it means a lot, thank you seriously.

-Wanda: Don't worry. I hope to hear from you soon.

-Clara: For sure, I will.

Preguntando lugares turísticos- Asking for Tourist Places

Spanish

-Clara: Buenos días mis amores, ya llegue.
-Noah: ¡Mamá!
-Agatha: Mamii.
-Clara: ¿Ya desayunaron?
-Agatha: No, vino servicio a la habitación pero no había nada que me gustara.
-Clara: Les tengo una sorpresa entonces… ¡SANDUCHES!
-Noah: Yeeey.
-Agatha: Gracias mamá.
-Clara: Espero que les gusten, me los recomendó una señora de la zona, su nombre es Wanda, me dio su número para que le preguntara cualquier cosa.
-Agatha: Pregúntale a que lugares podemos ir a pasear.
-Clara: Bien pensado, ya la llamo.
…
-Clara: Hola Wanda es Clara.
-Wanda: Hola Clara, me alegra que llames.
-Clara: Gracias, quería preguntarte ¿Cuáles son los lugares turísticos que hay en la zona?

-Wanda: Bueno, tienes la playa que está a unos 10 minutos de la panadería; la montaña está a unos 15 kilómetros al norte y hay un parque de diversiones que está a 5 kilómetros al oeste.
-Clara: Perfecto, hay mucho que visitar entonces.
-Wanda: Así es, que lo disfruten.

English

-Clara: Good morning, my darlings. I'm here.
-Noah: Mom!
-Agatha: Mommy.
-Clara: Have you had breakfast?
-Agatha: No, room service came, but I didn't like anything.
-Clara: I have a surprise for you then... SANDWICHES!
-Noah: Yeeey.
-Agatha: Thanks, mom.
-Clara: I hope you like them. They were recommended to me by a local lady. Her name is Wanda, and she gave me her number so I could ask her anything.
-Agatha: Ask her where we can go for a walk.
-Clara: Good thinking. I'll call her.
...
-Clara: Hi Wanda, it's Clara.
-Wanda: Hi Clara, I'm glad you called.
-Clara: Thank you. I wanted to ask you, what are the tourist places in the area?

-Wanda: Well, you have the beach that is about 10 minutes from the bakery. The mountain is about 15 kilometers to the north, and there is also an amusement park that is 5 kilometers to the west.

-Clear: Perfect, there's a lot to visit then.

-Wanda: That's right, enjoy it.

Visita a la playa- Visit to the beach

Spanish

-Clara: Acabo de hablar con Wanda y me dijo que hay una playa a 10 minutos de la panadería donde compré el desayuno.
-Agatha: Genial, amo la playa.
-Noah: Que bien, ¿Puedo llevar mi snorkel?
-Clara: Lo sé Agatha. Claro que puedes Noah.
-Agatha: ¿Dónde están los trajes de baño?
-Clara: En la maleta grande.
-Noah: ¿Y mi snorkel?
-Clara: Debe estar ahí también.
-Noah: Si, aquí esta.
-Clara: Traigan las toallas, sus sandalias, el protector solar, agua, gorras y sus lentes de sol.
-Noah: Llevare mi pala para hacer castillos de arena.
-Agatha: Y yo mi salvavidas.
-Clara: Perfecto. Vamonos, hay que tener cuidado con el oleaje.
-Noah y Agatha: Ok.

English

-Clara: I just spoke to Wanda, and she told me that there is a beach 10 minutes from the bakery where I bought breakfast.
-Agatha: Great, I love the beach.
-Noah: Good, can I bring my snorkel?

-Clara: I know Agatha. Of course, you can, Noah.

-Agatha: Where are the bathing suits?

-Clara: In the big suitcase.

-Noah: What about my snorkel?

-Clara: It must be there too.

-Noah: Yes, here it is.

-Clara: Bring the towels, your sandals, sunscreen, water, caps, and sunglasses.

-Noah: I'll take my shovel to make sandcastles.

-Agatha: And I will bring my lifeguard.

-Clara: Perfect. Let's go. We have to be careful with the waves.

-Noah and Agatha: Ok.

Visita a la montaña- Visit to the mountain

Spanish

-Clara: El día de ayer en la playa fue agotador.

-Agatha: Fue lo máximo, lo disfrute mucho.

-Noah: ¿Vamos a ir hoy a la playa de nuevo?

-Clara: No, pensaba ir a la montaña que me dijo Wanda. ¿Qué opinan?

-Agatha: No me gusta la montaña.

-Noah: Yo nunca he ido a una.

-Clara: Por eso vamos a ir Agatha, para que Noah la conozca.

-Agatha: Bueno.

-Clara: Para ir a la montaña debemos llevar ropa deportiva, gorra, lentes, repelente de mosquitos y mucha agua.

-Agatha: Odio los mosquitos.

-Clara: Entonces no olvides el repelente.

-Agatha: Esta bien.

-Noah: ¿Qué se hace en la montaña, mamá?

-Clara: Caminar, escalar, ejercitarse y ver la flora y fauna.

-Noah: Ya veo.

-Clara: Caminar en las montañas también es conocido como treking.

-Agatha: Ya había oído sobre eso.

-Clara: Pues hoy veras como se hace.

-Agatha: Esta bien.

-Clara: Lleven zapatos deportivos también, y chaquetas por si llueve.
-Noah: Ok.
-Agatha: Esta bien.
... En la montaña...
-Clara: Bueno hijos, aquí estamos, miren todos esos árboles, flores, plantas, vean las aves y los insectos que hay. Algunos dicen que hay monos en ciertos lugares de la montaña
-Noah: Genial, yo quiero verlos.
-Clara: Abramos los ojos a ver si logramos verlos.

English

-Clara: Yesterday on the beach was exhausting.
-Agatha: It was the best. I enjoyed it a lot.
-Noah: Are we going to the beach again today?
-Clara: No, I was thinking of going to the mountain that Wanda told me. What do you think?
-Agatha: I don't like the mountain.
-Noah: I've never been to one.
-Clara: That's why we're going to Agatha so that Noah knows it.
-Agatha: Good.
-Clara: To go to the mountain, we must wear sports clothes, a cap, glasses, mosquito repellent, and lots of water.
-Agatha: I hate mosquitoes.
-Clara: Then don't forget the repellent.
-Agatha: Okay.

-Noah: What do you do in the mountains, Mom?

-Clara: Walk, climb, exercise, and see the flora and fauna.

-Noah: I see.

-Clara: Walking in the mountains is also known as trekking.

-Agatha: I've heard about that before.

-Clara: Well, today, you'll see how it's done.

-Agatha: All right.

-Clara: Bring sneakers too, and jackets in case it rains.

-Noah: Ok.

-Agatha: Okay.

... On the mountain...

-Clara: Well children, here we are. Look at all those trees, flowers, and plants. Look at the birds and the insects that are there. Some say there are monkeys in certain parts of the mountain.

-Noah: Great, I want to see them.

-Clara: Let's open our eyes to see if we can see them.

Visita al parque de diversiones- Visit to the Amusement Park

Spanish

-Clara: Buenos días hijos. Estoy segura que hoy será su día favorito.
-Noah: ¿Por qué?
-Clara: Iremos al parque de diversiones.
-Agatha: ¡SIIIII!
-Noah: ¡YUPIIII!
-Clara: Vístanse para salir temprano y poder aprovechar el tiempo.
-Noah: Genial mamá
… En el parque…
-Clara: ¿Qué les parece?
-Noah: Esta increíble mamá.
-Agatha: Me encanta, quiero subirme en todo.
-Clara: Hay varias montañas rusas, hay una casa de espejos, una casa embrujada, toboganes, piscinas, caballos, nado con delfines, kartings, carros chocones, canchas de tenis, de futbol, de baloncesto, mesas de ping pong, salones de videojuegos, trampolines, buceo, simuladores, pared de escalada, paintball, un carrusel, una rueda de la fortuna y muchas otras cosas.
-Noah: Esto es el paraíso mamá.
-Agatha: Lo máximo, me quiero quedar a vivir aquí.

-Clara: Hay ciertas reglas y prohibiciones para las atracciones.

-Agatha: ¿Cómo así?

-Clara: Para algunas atracciones debes ser mayor de una altura, para otras, mayor de cierta edad.

-Noah: Rayos.

-Clara: Pero vamos, hay muchas atracciones que probar.

English

-Clara: Good morning, children. I'm sure today will be your favorite day.

-Noah: Why?

-Clara: We'll go to the amusement park.

-Agatha: YEEES!

-Noah: YUPIIII!

-Clara: Get dressed so we can leave early and be on time.

-Noah: Great mom.

... In the park...

-Clara: What do you think?

-Noah: This incredible, mom.

-Agatha: I love it. I want to get on everything.

-Clara: There are several rollercoasters. There's a mirror house, a haunted house, slides, swimming pools, horses, swimming with dolphins, karts, bumper cars, tennis courts, soccer courts, basketball courts, ping pong tables, video game rooms, trampolines, diving, simulators, climbing walls, paintball, a carousel, a wheel of fortune, and many other things.

-Noah: This is paradise, Mom.

-Agatha: The best. I want to stay and live here.

-Clara: There are certain rules and prohibitions for attractions.

-Agatha: How so?

-Clara: For some attractions, you have to be higher than a certain height. For others, you have to be older than a certain age.

-Noah: Damn.

-Clear: But come on, there are many attractions to try.

Visita al Museo- Visit to the Museum

Spanish

-Clara: Niños, aquí estamos, este es el museo de la ciudad.
-Agatha: Es enorme.
-Clara: Si, generalmente los museos son grandes.
-Noah: ¿Qué es un museo?
-Clara: Es un lugar donde se guardan obras y objetos relacionados con la historia o cosas artísticas.
-Noah: Ya entiendo.
-Clara: Generalmente hay pinturas, esculturas, en algunos museos hay fósiles, en otros hay objetos que son importantes en la historia, como espadas, armas y otros objetos.
-Noah: ¿Y qué se hace en los museos?
-Clara: Generalmente hay un guía que te explica todo sobre los objetos, su historia, importancia, fecha y otras cosas. En los museos se aprende sobre las cosas que hay dentro y aprecias el arte y la evolución de las cosas con el pasar del tiempo.
-Agatha: suena un poco aburrido.
-Clara: No lo es. ¿Sabías que existe un museo en donde tienen la evolución y modelos de todos los aviones? Tienen el modelo del primer avión que se invento.
-Agatha: Eso si suena más interesante.
-Noah: ¿Podemos ir luego a ese museo?
-Clara: Claro, en las próximas vacaciones.
-Noah: Genial.

English

-Clara: Kids, here we are. This is the city museum.
-Agatha: It's huge.
-Clara: Yes, usually, museums are big.
-Noah: What is a museum?
-Clara: It's a place where you keep artworks and objects related to history or artistic things.
-Noah: I get it.
-Clara: Generally, there are paintings and sculptures. In some museums, there are fossils. In others, there are objects that are important in histories such as swords, weapons, and other objects.
-Noah: And what do you do in museums?
-Clara: Generally, there is a guide that explains everything about objects, their history, importance, date, and other things. In museums, you learn about the things inside and appreciate the art and the evolution of things over time.
-Agatha: It sounds a little boring.
-Clara: It's not. Did you know there's a museum where they have the evolution and models of all airplanes? They have the model of the first plane that was invented.
-Agatha: That does sound more interesting.
-Noah: Can we go to that museum next?
-Clara: Sure, in the next holidays.
-Noah: Great.

Dia de relajación- Relax day

Spanish

-Clara: Hoy tendremos un día de relajación.
-Agatha: ¿A qué te refieres?
-Clara: Iremos a un spa, nos darán masajes, nos bañaremos en aguas termales, nos harán mascarillas, entraremos a un sauna y nos relajaremos como nunca antes.
-Agatha: Suena muy bien.
-Noah: No me llama la atención.
-Clara: Ya hemos hecho muchas actividades, el cuerpo debe descansar un poco y por eso iremos.
-Noah: Yo no estoy cansado.
-Clara: Veras que al finalizar el día, estarás más descansado.
-Noah: Lo dudo.

English

-Clear: Today, we will have a day of relaxation.
-Agatha: What do you mean?
-Clara: We'll go to a spa, get massages, bathe in hot springs, get masks, go into a sauna, and relax like never before.
-Agatha: Sounds very good.
-Noah: It is not interesting.
-Clara: We have already done many activities. The body must rest a little, and that's why we'll go.

-Noah: I'm not tired.

-Clara: You'll see that at the end of the day, you'll be more rested.

-Noah: I doubt it.

Dia de piscina- Pool day

Spanish

-Clara: Hoy iremos a unas piscina. Traigan sus trajes de baño, sus flotadores, su pelota inflable, sus pistolas de agua y Noah, deberías traer tu snorkel.
-Noah: Genial mamá, aquí lo tengo.
-Clara: Perfecto.
-Agatha: ¿A qué piscinas vamos?
-Clara: A unas que me dijo Wanda. Tienen muchas piscinas allí donde vamos, tienen una piscina con olas, una piscina para surfear, una piscina natural, tienen juegos acuáticos y muchas otras cosas que les van a gustar.
-Agatha: ¿Tienen las pelotas gigantes donde se mete la gente?
-Clara: Si.
-Agatha: Vamos ya.
-Clara: Recuerden no ir a lo profundo sin los flotadores.
-Agatha y Noah: Esta bien.

English

-Clara: Today, we'll go to some pools. Bring your swimsuits, your floats, your inflatable ball, your water pistols, and Noah, you should bring your snorkel.
-Noah: Great mom, here it is.
-Clara: Perfect.

-Agatha: Which pools are we going to?

-Clara: Some that Wanda told me. They have a lot of pools where we go. They have a wave pool, a surf pool, and a natural pool. They have water games and a lot of other things you're going to like.

-Agatha: Do you have the giant balls that people get into?

-Clear: Yes.

-Agatha: Let's go.

-Clara: Remember not to go deep without the floats.

-Agatha and Noah: Okay.

Día en el hotel- Day at the hotel

Spanish

-Agatha: Buenos días mamá, ¿Crees que hoy podamos quedarnos aquí en el hotel?
-Clara: ¿Y eso?
-Agatha: Ayer leí que iban a hacer un rally para los niños de aquí del hotel.
-Clara: No sabía.
-Agatha: Si, habrá carreras, hockey de mesa, mesas de futbolito, dardos, juegos en equipos y premiaran al mejor.
-Clara: Suena genial. ¿Puedes llevar a Noah contigo?
-Agatha: Claro, pero espero que no me haga perder.
-Noah: Yo soy mejor que tú para los deportes.
-Agatha: Ya lo veremos.
-Clara: ¿Hasta qué hora es eso?
-Agatha: Es como hasta las tres de la tarde, pero después de eso darán una película en el cine y quería verla.
-Clara: Excelente, así yo puedo visitar a un amigo.
-Agatha: Vale.
-Clara: Llámame si necesitas algo.

English

-Agatha: Good morning, mom. Do you think we can stay here at the hotel today?

-Clara: Why is that?

-Agatha: Yesterday, I read that they were going to do a rally for the children here at the hotel.

-Clara: I didn't know.

-Agatha: Yes, there will be races, table hockey, football tables, darts, team games, and they will reward the best.

-Clara: Sounds great. Can you take Noah with you?

-Agatha: Sure, but I hope he doesn't make me lose.

-Noah: I'm better than you at sports.

-Agatha: We'll see.

-Clara: Until what time is that?

-Agatha: It's until three o'clock in the afternoon, but after that, they're going to show a movie at the cinema, and I would like to see it.

-Clara: Excellent, so I can visit a friend.

-Agatha: Okay.

-Clara: Call me if you need anything.

Visita a amigos- Visit to friends

Spanish

-Clara: Ray, soy Clara, estoy afuera de tu casa, ya toque el timbre pero creo que no funciona.
-Ray: Ya te abro, se daño hace unos días y no he tenido tiempo para arreglarlo.
-Clara: Vale. Te espero.
...
-Ray: Clara, que gusto verte de nuevo después de tantos años.
-Clara: Ray, que emoción, tienes toda la razón.
-Ray: Pasa adelante por favor. Bienvenida a mi casa.
-Clara: Muchas gracias, que casa tan bonita.
-Ray: Gracias. Ella es mi esposa Gaby, y ellos mis hijos, Magnolia y Aran.
-Clara: Mucho gusto, soy Clara.
-Gaby: Encantada.
-Clara: Tienes una familia muy bonita Ray, no sabía que estuvieras casado.
-Ray: La última vez que te vi fue hace 15 años, en la universidad.
-Clara: Así es.
-Ray: ¿Quieres algo de beber? ¿Agua, café, té, una copa de vino?
-Clara: Un café está bien, yo traje galletas para compartir.
-Ray: Que bueno que hayas venido a visitarme.

-Clara: Paseaba por acá de vacaciones y recordé que supe que vivías por aquí y pensé en pasar.
-Ray: No sabes cuánto me alegra.

English

-Clara: Ray, it's Clara. I'm outside your house. I've already rung the doorbell, but I don't think it's working.
-Ray: I'm going to open it. It was damaged a few days ago, and I haven't had time to fix it.
-Clara: Okay. I'll wait for you.
...
-Ray: Clara, it's good to see you again after so many years.
-Clara: Ray, what an emotion. You are absolutely right.
-Ray: Please come in. Welcome to my house.
-Clara: Thank you very much. What a beautiful house.
-Ray: Thank you. This is my wife, Gaby, and these are my children, Magnolia and Aran.
-Clara: Nice to meet you. I'm Clara.
-Gaby: Nice to meet you.
-Clara: You have a very nice family, Ray. I didn't know you were married.
-Ray: The last time I saw you were 15 years ago, at the university.
-Clara: That's right.
-Ray: Would you like something to drink? Water, coffee, tea, or a glass of wine?

-Clara: A cup of coffee is fine. I brought cookies to share.

-Ray: It's good that you came to visit me.

-Clara: I was walking around here on vacation and I remembered that I knew you lived around here and I thought I'd stop by.

-Ray: You don't know how happy I am.

Acampando- Camping

Spanish

-Clara: ¿Qué quieren hacer hoy muchachos?
-Noah: Ayer hicimos lo que Agatha quería, hoy me toca a mí elegir.
-Agatha: Tú eliges cosas aburridas.
-Noah: Claro que no.
-Clara: ¿Qué quieres hacer Noah?
-Noah: Vi en la TV que hay un parque donde se puede acampar, quiero ir.
-Agatha: No suena aburrido.
-Clara: Excelente idea Noah. ME gusta.
-Noah: Gracias mami.
-Clara: Para acampar, necesitaremos una carpa familiar y tres bolsas para dormir o un colchón inflable, comida enlatada, repelente, unas linternas y carbón o leña para hacer la fogata.
-Noah: No olvides los malvaviscos ni el chocolate caliente.
-Clara: Claro mi amor, tienes toda la razón.

English

-Clara: What do you guys want to do today?
-Noah: Yesterday, we did what Agatha wanted. Today, it's up to me to choose.
-Agatha: You choose boring things.

-Noah: Of course not.

-Clara: What do you want to do, Noah?

-Noah: I saw on TV that there's a park where you can camp. I want to go.

-Agatha: It doesn't sound boring.

-Clara: Excellent idea, Noah. I like it.

-Noah: Thanks, Mommy.

-Clara: To camp, we'll need a family tent and three sleeping bags or an inflatable mattress, canned food, repellent, flashlights, and charcoal or firewood to make the campfire.

-Noah: Don't forget the marshmallows and hot chocolate.

-Clara: Of course, my love, you're absolutely right.

Chapter 3: Getting to a new country- Llegando a un nuevo país

Alquilar una casa – Rent a House

Spanish

-Katy: Buenos días, quiero alquilar una casa.
-Agente: Buenos días, gracias por preferir nuestra agencia de alquiler. ¿Qué está buscando?
-Katy: Quiero un town house o casa de un piso, que tenga tres habitaciones, dos baños, sala de estar, jardín y dos puestos de estacionamiento.
-Agente: Con esas características tenemos tres opciones.
-Katy: A ver.
-Agente: Tiene esta, una casa de un solo piso, tres habitaciones, dos baños, sala de estar, jardín, tres puestos de estacionamiento y derecho al uso de la piscina de la urbanización. Está ubicada a 15 minutos al norte de la estación de autobús de Kendall, con un costo de 650$ mensuales, sin incluir los servicios y debe dar un adelanto de cuatro meses.
-Katy: ¿Qué otras opciones hay?
-Agente: Tiene este town house, tiene las características que usted pidió, está más al norte de la anterior pero el alquiler son 500$ mensuales, con los servicios incluidos y solo debe dar tres meses de adelanto.

-Katy: Me gusta, ¿Y la tercera opción?

-Agente: Una casa pequeña, tres habitaciones, dos baños, sala de estar, jardín y un solo puesto de estacionamiento. Cuesta 450$ al mes, incluye los servicios y debe dar tres meses de adelanto igual que en la anterior.

-Katy: Creo que me quedare con la segunda opción.

-Agente: Excelente elección. Ya hacemos los trámites.

-Katy: Muchas gracias por su ayuda.

English

-Katy: Good morning. I want to rent a house.

-Agent: Good morning. Thank you for preferring our rental agency. What are you looking for?

-Katy: I want a townhouse or a one-floor house, with three bedrooms, two bathrooms, living room, garden, and two parking spaces.

-Agent: With these characteristics, we have three options.

-Katy: Let's see.

-Agent: You have this, a one-floor house, three bedrooms, two bathrooms, living room, garden, three parking spaces, and the right to use the swimming pool of the urbanization. It is located 15 minutes north of the Kendall bus station, at a cost of $650 per month, not including services and must give an advance of four months.

-Katy: What other options are there?

-Agent: You have this townhouse. It has the features you asked for. It is located further north than the previous one, but the rent is $500 per month, with the services included and you only have to give three months in advance.

-Katy: I like it, and the third option?

-Agent: A small house, three bedrooms, two bathrooms, living room, garden, and a single parking place. It costs $450 a month, includes the services, and must give three months in advance as in the previous one.

-Katy: I think I'll take the second option.

-Agent: Excellent choice. Let's do the paperwork.

-Katy: Thank you very much for your help.

Preguntando tradiciones – Asking About Traditions

Spanish

-Rod: Buenas noches. ¿Cómo estás?

-Alice: Muy bien Rod, ¿Y tú?

-Rod: Excelente Alice. Un poco confundido.

-Alice ¿Por qué?

-Rod: La gente está contenta, como celebrando algo pero no se qué.

-Alice: Hoy es el tercer lunes de Febrero.

-Rod: ¿Y eso que significa?

-Alice: Hoy se celebra el día del presidente.

-Rod: No sabía, tengo poco tiempo viviendo acá. ¿Qué otras tradiciones tienen?

-Alice: El día de Martin Luther King se celebra el tercer lunes de Enero, el Memorial Day se celebra el ultimo lunes de Mayo, el Labor Day se celebra el primer lunes de Septiembre, el Veteran's Day se celebra el 11 de Noviembre y el día de la independencia que celebramos el 4 de Julio, las otras como Navidad, Halloween y acción de gracias si son igual que en los otros países.

-Rod: Ya veo, muchas gracias por la explicación.

- Alice: Está pendiente de la próxima festividad.

English

-Rod: Good evening. How are you?

-Alice: All right, Rod. What about you?

-Rod: Excellent, Alice. A little confused.

-Alice: Why?

-Rod: People are happy, like celebrating something but I don't know what.

-Alice: Today is the third Monday of February.

-Rod: What does that mean?

-Alice: Today is President's Day.

-Rod: I didn't know, I don't have much time living here. What other traditions do you have?

-Alice: Martin Luther King Day is celebrated on the third Monday in January. Memorial Day is celebrated on the last Monday in May. Labor Day is celebrated on the first Monday in September. Veteran's Day is celebrated on November 11th and Independence Day on July 4, and the other traditions like Christmas, Halloween, and Thanksgiving are the same as in other countries.

-Rod: I see, thank you very much for the explanation, Alice. Stay tuned for the next holiday.

Preguntando comidas típicas- Asking About Typical Foods

Spanish

-Martin: Buenos días muchachos, ¿Cómo están?

-Luis: Todo bien, ¿Y tú?

-Carlos: Estoy bien.

-Alex: Muy bien.

-Martin: Me alegro. Hoy quería hacer un compartir en mi casa y cenar todos alla.

-Carlos: Genial, ¿Qué hay que llevar?

-Martin: Como cada uno de nosotros es de un país diferente, pensé que cada quien llevara comida típica de su país.

-Luis: Excelente idea.

-Alex: Me parece espectacular.

-Martin: Como yo soy de Italia, hare distintos tipos de pastas con sus salsas. ¿Cuáles son los platos típicos de sus países?

-Carlos: Yo soy de Argentina y los platos típicos que puedo llevar son una provoleta, un poco de chimichurri y unos alfajores para el postre.

-Alex: Yo soy de Estados Unidos y puedo llevar unas hamburguesas y un pie de manzana.

-Luis: Yo soy de Japón y llevaré sushi, sashimi, udon y un poco de soba.

-Martin: Genial, nos vemos en mi casa a las ocho de la noche.

-Carlos y Luis: Ok.
-Alex: Llegare un poco antes, ¿Hay algún problema?
-Martin: Para nada, así me ayudas con los preparativos.

English

-Martin: Good morning, boys. How are you?
-Luis: All right, how are you?
-Carlos: I'm fine.
-Alex: Very good.
-Martin: I'm glad. Today, I wanted to do a sharing in my house and have dinner there.
-Carlos: Great. What do we have to bring?
-Martin: Since each one of us is from a different country, I thought that everyone should bring food typical of their country.
-Luis: Excellent idea.
-Alex: I think it's spectacular.
-Martin: Since I'm from Italy, I'll make different types of pasta with their sauces. What are the typical dishes in your countries?
-Carlos: I'm from Argentina, and the typical dishes I can take are a provoleta, a little chimichurri, and some alfajores for dessert.
-Alex: I'm from the United States and I can take some hamburgers and apple pie.
-Luis: I'm from Japan and I'll take sushi, sashimi, udon, and some soba.

-Martin: Great, I'll see you at my house at eight at night.

-Carlos and Luis: Ok.

-Alex: I'll be a little early, is there a problem?

-Martin: Not at all. That way, you will help me with the preparations.

Preguntando Sobre impuestos- Asking about Taxes

Spanish

-German: Buenos días.
-Peter: Buenos días, ¿En qué puedo ayudarle?
-German: Revise mi cuenta ayer y tengo un montón de deducciones y quiero saber de que son.
-Peter: Dame tu número de cuenta.
-German: 88887777555559999.
-Peter: De acuerdo, esta deducción es por impuesto sobre ingresos, esta es por impuestos sobre la renta y estas por impuestos de seguro social.
-German: Entiendo. ¿Sabe cuánto es el impuesto sobre ingresos?
-Peter: Si, es del 30% de los ingresos mensuales.
-German: Muchas gracias por la información.

English

-German: Good morning.
-Peter: Good morning. What can I do for you?
-German: I checked my account yesterday, and I have a lot of deductions and I want to know what they are.
-Peter: Give me your account number.

-German: 8888777755555559999.

-Peter: Okay, this deduction is for income tax. This is for rent taxes, and these are for social security taxes.

-German: I understand. Do you know what the income tax is?

-Peter: Yes, it's 30% of monthly income.

-German: Thank you very much for the information.

Comprar una casa- Buy a House

Spanish

-Nora: Buenas tardes.
-Calvin: Buenas tardes, ¿Cómo esta?
-Nora: Muy bien, ¿Y tú?
-Calvin: Excelente.
-Nora: Vi que tiene su casa en venta. ¿Puedo verla por dentro?
-Calvin: Seguro, pase adelante.
-Nora: Muchas gracias.
-Calvin: La casa fue construida hace 20 años y remodelada hace 10, tiene cuatro habitaciones, un cuarto de servicio, un cuarto tipo oficina, dos baños arriba y uno abajo, una sala, garaje, jardín y un jacuzzi.
-Nora: Me encanta. ¿Cuánto pide?
-Calvin: Pido 70.000$.
-Nora: ¿Hay posibilidad de financiación?
-Calvin: Quizas.
-Nora: Si quiero pagarle a 5 años, ¿Cuánto tendría que pagar mensual?
-Calvin: Con intereses del 15%, tendría que pagar 1345$ mensuales.
-Nora: Sin inicial, ¿correcto?
-Calvin: Asi es.
-Nora: La compro.
-Calvin: Perfecto, firmemos los papeles y cerremos el trato.

English

-Nora: Good afternoon.

-Calvin: Good afternoon, how are you?

-Nora: Very well, and you?

-Calvin: Excellent.

-Nora: I saw that you have your house for sale. Can I see it inside?

-Calvin: Sure, come on in.

-Nora: Thank you very much.

-Calvin: The house was built 20 years ago and remodeled 10 years ago. It has four bedrooms, a maid's room, an office type room, two bathrooms upstairs and one downstairs, a living room, garage, garden, and a Jacuzzi.

-Nora: I love it. How much do you want?

-Calvin: I am asking $70,000.

-Nora: Is there any possibility of financing?

-Calvin: Maybe.

-Nora: If I want to pay for 5 years, how much would I have to pay monthly?

-Calvin: With an interest of 15%, you would have to pay $1345 per month.

-Nora: No initial, right?

-Calvin: That's right.

-Nora: I will buy it.

-Calvin: Perfect, let's sign the papers and close the deal.

Comprar un carro- Buy a Car

Spanish

-Alejandro: Buenos días. Quiero comprar un carro.
-Vendedor: Excelente. Pase adelante.
-Alejandro: Muchas gracias.
-Vendedor: ¿Sabe qué tipo de carro quiere?
-Alejandro: Quiero un carro familiar, con buena autonomía y que tenga maletero.
-Vendedor: Tenemos estos carros grandes, una autonomía de 10 kilómetros por litro, con maletero, aire acondicionado, dirección asistida, frenos abs y luces HID.
-Alejandro: Me agrada pero, ¿No es mejor una van o un SUV?
-Vendedor: Tenemos estas, pero la autonomía no es tan buena, la autonomía de esta van es 7.7 kilómetros por litro y de esta SUV es de 8.5 kilómetros por litro.
-Alejandro: Ya veo. ¿Cuánto cuesta el carro grande que me dijiste?
-Vendedor: Tiene un valor inicial de 10.000$ y puede pedir extras como mejoras en el sistema de sonido, asientos de cuero, rines de lujo, quemacoco, colores especiales y portavasos.
-Alejandro: ¿Cuánto cuesta con todos los extras?
-Vendedor: Su valor final seria 12.599$.
-Alejandro: ¿Y para pagarlo en 36 meses?
-Vendedor: Tendría que pagar 405$ mensuales.
-Alejandro: ¿El costo incluye mantenimiento?

-Vendedor: Correcto. Al comprar el vehículo con nosotros usted obtendrá 2 años de mantenimiento gratis.
-Alejandro: Excelente. Tenemos un trato entonces.

English

-Alexander: Good morning. I want to buy a car.
-Seller: Excellent. Come on in.
-Alejandro: Thank you very much.
-Seller: Do you know what kind of car you want?
-Alejandro: I want a family car with good autonomy and a trunk.
-Seller: We have these large cars, a range of 10 kilometers per liter, with a trunk, air conditioning, assisted steering, abs brakes, and HID lights.
-Alexander: I like it, but isn't it better to have a van or an SUV?
-Seller: We have these, but the autonomy is not so good. The autonomy of this van is 7.7 kilometers per liter, and this SUV is 8.5 kilometers per liter.
-Alejandro: I see. How much does the large car you told me cost?
-Seller: It has an initial value of $10,000, and you can ask for extras such as improvements to the sound system, leather seats, luxury rims, sunroof, special colors, and cup holders.
-Alexander: How much does it cost with all the extras?
-Seller: Its final value would be 12.599$.
-Alexander: And to pay it in 36 months?

-Seller: You would have to pay 405$ per month.

-Alejandro: Does the cost include maintenance?

-Seller: Correct. When you buy the vehicle with us, you will get 2 years of free maintenance.

-Alexander: Excellent. We have a deal then.

Mantenimiento del carro- Car maintenance
Spanish

-Adam: Hey, ¿Todo bien Vladimir?

-Vladimir: Hey, todo excelente, ¿Tú?

-Adam: No me quejo.

-Vladimir: ¿Qué haces aquí?

-Adam: Vengo pedirte que le hagas mantenimiento al carro.

-Vladimir: Perfecto. ¿Mantenimiento full o normal?

-Adam: ¿Cuales son las diferencias?

-Vladimir: El mantenimiento full incluye cambio de filtro de aceite, filtro de gasolina, filtro de aire, cambio de aceite, lavado del motor, cambios de discos y pastillas de freno, cambio de bujías y sus cables, alineación y balanceo.

-Adam: Ya veo porque le dicen full. ¿Y el normal?

-Vladimir: El normal incluye solo cambio de aceite, cambio de filtro de aceite, alineación y balanceo.

-Adam: ¿Cuál me recomiendas?

-Vladimir: Tienes tiempo sin hacerle mantenimiento, ¿Cierto?

-Adam: Asi es.

-Vladimir: Creo que es mejor el full entonces.

-Adam: Genial, si tu lo dices.

English

-Adam: Hey, is everything all right, Vladimir?

-Vladimir: Hey, all excellent, you?

-Adam: No complaints.

-Vladimir: What are you doing here?

-Adam: I've come to ask you to maintain the car.

-Vladimir: Perfect. Full or normal maintenance?

-Adam: What are the differences?

-Vladimir: Full maintenance includes oil filter change, fuel filter, air filter, oil change, engine wash, disc, and brake pad changes, spark plug and cable changes, alignment, and balancing.

-Adam: I see why you call it full. And the normal?

-Vladimir: The normal includes only oil change, oil filter change, alignment, and balancing.

-Adam: Which one do you recommend?

-Vladimir: You have time without maintenance, right?

-Adam: That's right.

-Vladimir: I think full is better then.

-Adam: Great, if you say so.

Pidiendo un crédito- Asking for a loan/credit

Spanish

-Daniela: Buenas tardes.

-Agente bancario: Buenas tardes.

-Daniela: Me gustaria pedir un crédito para comprar una casa.

-Agente bancario: ¿Cuánto desea pedir?

-Daniela: 50.000$.

-Agente bancario: Chequeare su historial de créditos.

-Daniela: Esta impecable.

-Agente bancario: Eso veo.

-Daniela: ¿Si lo aprobara?

-Agente bancario: ¿A cuánto tiempo desea pagar el crédito?

-Daniela: A cinco años.

-Agente bancario: Para ese plazo el interés es de 25%.

-Daniela: ¿Y a diez años?

-Agente bancario: El interés seria de 35%.

-Daniela: Creo que elegiré a 10 años.

-Agente bancario: Perfecto.

-Daniela: Muchas gracias.

-Agente: bancario: Si alguno de los pagos tiene retraso se le cobrara una cuota extra de 10% en dicho plazo.

-Daniela: Entiendo.

English

-Daniela: Good afternoon.

-Bank agent: Good afternoon.

-Daniela: I would like to ask for a loan to buy a house.

-Bank agent: How much do you want to ask for?

-Daniela: $50,000.

-Bank Agent: I will check your credit history.

-Daniela: It's impeccable.

-Bank Agent: That's what I see.

-Daniela: Will you approve?

-Bank agent: How long do you want to pay the credit?

-Daniela: Five years.

-Bank agent: For that term, the interest rate is 25%.

-Daniela: And ten years?

-Bank agent: The interest would be 35%.

-Daniela: I think I will choose 10 years.

-Bank agent: Perfect.

-Daniela: Thank you very much.

-Agent: Banker: If any of the payments are late, you will be charged an extra fee of 10% in that period.

-Daniela: I understand.

Limpiar la piscina- Clean the pool

Spanish

-Elias: Amor, los niños quieren invitar a sus amigos a jugar en la piscina.
-Elizabeth: ¿Cuándo?
-Elias: Mañana por la tarde.
-Elizabeth: No creo que puedan.
-Elias: ¿Por qué?
-Elizabeth: La piscina está muy sucia, no se ha limpiado desde hace meses.
-Elias: ¿Y qué hay que hacerle?
-Elizabeth: Hay que vaciarla, limpiar la losa que ya tiene moho, llenarla, limpiar los filtros, ponerle cloro y todos los detergentes que necesite y reparar el calentador para que el agua no esté tan fría.
-Elias: Es mucho que hacer. Pero creo que si empiezo ya, estará lista para mañana.
-Elizabeth: Empieza de una vez entonces.
-Elias: Perfecto. ¿Dónde están los utensilios para limpiarla?
-Elizabeth: En el depósito.
-Elias: Ok.

English

-Elias: Love, the children want to invite their friends to play in the pool.
-Elizabeth: When?
-Elias: Tomorrow afternoon.
-Elizabeth: I don't think they can.
-Elias: Why?
-Elizabeth: The pool is very dirty; it hasn't been cleaned for months.
-Elias: And what should be done to it?
-Elizabeth: It needs to be emptied, to clean the tiles that already have mold, to fill them, to clean the filters, to put chlorine and all the detergents that it needs, and to repair the heater so that the water is not so cold.
-Elias: It's a lot to do. But I think that if I start now, it will be ready for tomorrow.
-Elizabeth: Start once and for all then.
-Elias: Perfect. Where are the utensils to clean it?
-Elizabeth: In the storeroom.
-Elias: Ok.

Mudanza- Moving

Spanish

-Lucio: Despiértense, hoy es el día de mudarnos.
-Karl: Genial, no puedo esperar a llegar a la nueva casa.
-Lila: Yo no quiero irme de aquí, me encanta mi casa.
-Lucio: Lila, tu hermanita ya va a nacer, y la perra ya va a tener a sus cachorros, necesitamos una casa mas grande. Espera que veas la nueva casa, te encantara.
-Lila: Lo dudo.
-Lucio: Dale una oportunidad.
-Karl: Piensa Lila, un cuarto más grande, un closet más grande, un jardín más grande y estaremos más cerca del centro comercial.
-Lila: Bueno, así no suena tan mal.
-Lucio: El camión de la mudanza debe llegar en media hora, traigan todo su equipaje, sus cajas, sus bolsos, sus almohadas, colchones, traigan absolutamente todo. Una vez que nos mudemos no podremos regresar a buscar nada.
-Lila: Lo sé papa, lo has dicho toda la semana.
-Lucio: Las cajas tienen nombre y número, seamos organizados con la mudanza.
-Karl: De acuerdo.

English

-Lucius: Wake up. Today is the day to move.

-Karl: Great, I can't wait to get to the new house.

-Lila: I don't want to leave here. I love my house.

-Lucio: Lila, your little sister is about to be born, and the dog is going to have her puppies. We need a bigger house. Wait till you see the new house, you'll love it.

-Lila: I doubt it.

-Lucio: Give it a chance.

-Karl: Think Lila. A bigger room, a bigger closet, a bigger garden, and we'll be closer to the mall.

-Lila: Well, that doesn't sound so bad.

-Pike: The moving truck should arrive in half an hour, bring all your luggage, your boxes, your bags, your pillows, mattresses, bring absolutely everything. Once we move, we won't be able to come back for anything.

-Lila: I know Dad, you've been saying it all week.

-Lucio: The boxes have names and numbers. Let's be organized with moving.

-Karl: All right.

Leyes- Laws

Spanish

-Miley: Buenas noches vecina, ¿Cómo esta?
-Lucy: Muy bien mi niña, ¿Y tú?
-Miley: Bien, un poco preocupada.
-Lucy: ¿Por qué?
-Miley: Como usted sabe, me acabo de mudar para acá, y no sé nada de las leyes y normas que hay aquí.
-Lucy: Tranquila, las leyes son las más comunes, no hacer mucho ruido en las noches, no manejar ebrios, ser respetuosos, utilizar el cinturón de seguridad, no hacer comentarios racistas ni sexistas, no maltratar a los niños, no robar, no conducir sin licencia y otras normas que son de sentido común.
-Miley: Ya veo.
-Lucy: Hay muchísimas otras leyes y normas que debes seguir, pero mientras cumplas esas no tendrás problemas por estos lados.
-Miley: Muchísimas gracias Sra Lucy.
-Lucy: A tu orden joven. Si quieres vienes otro día y te enseño mas sobre leyes y normas de acá.
-Miley: Gracias, de todas maneras yo tomare un curso sobre eso para estar al tanto de todas las leyes lo más pronto posible, no quiero meterme en problemas.
-Lucy: Eres una chica muy inteligente.

English

-Miley: Good evening, neighbor. How are you?

-Lucy: Very well, my child, and you?

-Miley: Well, a little worried.

-Lucy: Why?

-Miley: As you know, I just moved here, and I don't know anything about the laws and regulations here.

-Lucy: Don't worry. The laws are the most common. Don't make too much noise at night, don't drive drunk, be respectful, use your seat belt, don't make racist or sexist comments, don't mistreat children, don't steal, don't drive without a license, and other rules that are common sense.

-Miley: I see.

-Lucy: There are so many other laws and rules that you have to follow, but as long as you follow those rules, you won't have any problems here.

-Miley: Thank you very much, Mrs. Lucy.

-Lucy: At your service, young lady. If you want, you can come another day, and I'll teach you more about laws and rules here.

-Miley: Thanks, anyway I'll take a course about it to be aware of all the laws as soon as possible. I do not want to get into trouble.

-Lucy: You're a very smart girl.

Multas – Penalty fees/ fines

Spanish

-Policía: Buenas tardes.
-Mark: Buenas tardes.
-Policía: ¿Sabe usted porque es esta citación?
-Mark: Ni idea señor.
-Policía: Vamos a quitarle su licencia de conducir.
-Mark: ¿Qué? ¿Por qué?
-Policía: Es imprudente conduciendo.
-Mark: Claro que no.
-Policía: Aquí tengo todas las grabaciones de usted cometiendo imprudencias.
-Mark: A verlas.
-Policía: Aquí condujo a exceso de velocidad, se le colocó una multa y nunca la pagó; aquí pasó un semáforo en rojo, se le colocó una multa y nunca la pagó; aquí está conduciendo ebrio, se le colocó una multa y nunca la pagó; aquí esta cambiándose de carriles sin utilizar las luces de cruce, se le colocó una multa y nunca la pagó; aquí está de nuevo a exceso de velocidad. Creo que hay razones suficientes para quitarle su licencia.
-Mark: ¿Si pago las multas no me la quitas?
-Policía: Se la tengo que quitar porque tiene muchas multas. Pague las multas, espere su penalización de seis meses sin licencia y puede volver a solicitarla.

-Mark: ¿Seis meses sin licencia? Es un abuso. ¿Cómo voy a buscar a los niños al colegio? ¿Cómo iré al supermercado?
-Policía: Debió pensar en todo eso antes de cometer esas infracciones.

English

-Police: Good afternoon.
-Mark: Good afternoon.
-Police: Do you know why this citation is?
-Mark: No idea, sir.
-Police: We're going to take away your driver's license.
-Mark: What? Why?
-Police: You are reckless driving.
-Mark: Of course not.
-Police: Here, I have all the recordings of you committing reckless acts.
-Mark: Let's see them.
-Police: Here, you drove too fast. You were fined and never paid it. Here you ran a red light, you were fined and never paid it. When you are driving drunk, you were fined and never paid it. When you are changing lanes without using dipped headlights, you were fined and never paid it. When you are speeding again. I think there are enough reasons to take away your license.
-Mark: If I pay the fines, won't you take it away from me?

-Police: I have to remove it because you have many fines. Pay the fines, wait for your six-month penalty without a license, and you can apply for it again.

-Mark: Six months without a license? It's an abuse. How am I going to pick up the kids at school? How am I going to go to the supermarket?

-Police: You should have thought of all that before you committed those violations.

Preguntando sobre colegios- Asking about Schools

Spanish

-Mia: Hola Abby, ¿Cómo estás?
-Abby: Mia, que bueno verte. Ando un poco ocupada, estoy buscando colegios donde pueda inscribir a mis hijos, ¿Sabes de algunos?
-Mia: Claro, yo tengo a mis hijos en el Orlando High School, tienen clases todos los días de 8 a.m. a 3 p.m. y ven materias extras como cocina, arte, economía, diseño y algunas otras.
-Abby: Suena genial, pero esa me queda un poco lejos, ¿Sabes de alguna más al sur?
-Mia: Esta la Plantation High School, mi hermana tiene a sus hijos ahí, el horario es de 8:30 a.m. hasta las 2:30 p.m. y tienen su equipo de natación, de básquet, de beisbol y de futbol; además dan materias extras como música, teatro y jardinería.
-Abby: Esa me agrada mas, a mis hijos les encantan los deportes.
-Mia: Esa es muy buena, es muy bonita y grande también.
-Abby: Puede que vaya a verla en la semana. ¿Me acompañas?
-Mia: No creo, estaré ocupada.
-Abby: Esta bien

English

-Mia: Hi, Abby. How are you?

-Abby: Mia, good to see you. I'm a little busy. I'm looking for schools where I can enroll my kids; you know some?

-Mia: Sure, I have my kids at Orlando High School. They have classes every day from 8 a.m. to 3 p.m., and they see extra subjects like cooking, art, economics, design, and some others.

-Abby: Sounds great, but that one's a bit far away. Do you know any more to the south?

-Mia: There is the Plantation High School. My sister has her kids there. The hours are from 8:30 a.m. to 2:30 p.m. and they have their swimming, basketball, baseball, and soccer teams. They also give extra classes like music, theater, and gardening.

-Abby: I like that one better. My kids love sports.

-Mia: That's very good. It's very nice and big, too.

-Abby: Maybe I'll see it this week. Will you come with me?

-Mia: I don't think so. I'll be busy.

-Abby: It's okay.

Preguntando sobre Gimnasio - Asking about a Gym

Spanish

-Will: Hola hermanito, ¿Como estas?
-Wade: Hermano, todo bien, ¿Y tú?
-Will: Bien, me alegro.
-Wade: Te veo con más músculos, ¿Sigues entrenando en el gimnasio?
-Will: Claro, voy todos los días a entrenar, ya es rutina.
-Wade: Que bueno.
-Will: Deberías inscribirte y entrenamos juntos.
-Wade: ¿Tú dices?
-Will: Claro, así pasamos más tiempo juntos, tú entrenas y ganas algo de músculo.
-Wade: Puede ser.
-Will: Así sacas musculo tu también, que ya te veo delgado.
-Wade: Jajajaja, ¿A qué gimnasio vas tú?
-Will: Al Power GYM.
-Wade: ¿Y qué hay allí?
-Will: Esta toda la maquinaria necesaria para entrenar todos los músculos como bíceps, tríceps, espalda, hombros, piernas, abdominales y pecho. También hay un salón donde dan clases de muchas cosas como fit combat, TRX, crossfit, boxeo, baile y tae kwon do.

-Wade: Listo, el lunes me inscribo y empiezo a entrenar.

English

-Will: Hello, little brother. How are you?
-Wade: Brother, all right, and you?
-Will: Well, I'm glad.
-Wade: I see you with more muscles. Are you still training in the gym?
-Will: Sure, I go every day to train. It's routine.
-Wade: That's good.
-Will: You should sign up, and we train together.
-Wade: You say?
-Will: Sure, that way, we spend more time together, you train and gain some muscle.
-Wade: Maybe.
-Will: That's how you get muscle too because you're already thin.
-Wade: Hahahaha, which gym are you going to?
-Will: To the Power GYM.
-Wade: And what's in there?
-Will: It's all the machinery necessary to train all the muscles like biceps, triceps, back, shoulders, legs, abdominals, and chest. There is also a classroom where they give classes of many things like fit combat, TRX, CrossFit, boxing, dance, and taekwondo.
-Wade: Ready, on Monday, I will sign up and start training.

Supermercados- Supermarkets

Spanish

-Rachel: Gracias por la cena, estaba exquisita.

-Dom: A la orden. Me alegra que te haya gustado.

-Rachel: Quedo muy sabrosa, todos los ingredientes estaban muy frescos y bonitos.

-Dom: Muchas gracias.

-Rachel: ¿A qué supermercado vas tú? ¿Dónde compraste todas estas cosas?

-Dom: En realidad compro en varios supermercados, en el supermercado del norte usualmente compro solo los productos de limpieza porque ahí tienen buenas ofertas en esos productos siempre; en el supermercado del sur tienen todo muy caro así que no compro nada allí; en el supermercado del este compro las frutas y verduras, están a buen precio y siempre están muy frescas, ahí no compro la carne porque aunque esta a buen precio no es tan bonita ni tan fresca como la carne del supermercado del oeste.

-Rachel: Recorres mucho para comprar, ¿Cierto?

-Dom: Es la mejor manera de comprar buenos productos y ahorrar un poco de dinero.

English

-Rachel: Thank you for dinner. It was exquisite.

-Dom: On your order. I'm glad you liked it.

-Rachel: It was very tasty. All the ingredients were very fresh and nice.

-Dom: Thank you very much.

-Rachel: Which supermarket are you going to? Where did you buy all these things?

-Dom: Actually, I buy in several supermarkets. In the supermarket in the north, I usually buy only the cleaning products because there they have good offers on those products always. In the supermarket in the south, they have everything very expensive, so I don't buy anything there. In the supermarket in the east, I buy fruits and vegetables. They are at a good price, and they are always very fresh. I don't buy the meat because although it is at a good price, it is not as nice or as fresh as the meat of the supermarket in the west.

-Rachel: You travel a lot to buy, don't you?

-Dom: It's the best way to buy good products and save a little money.

Guarderias- Daycares

Spanish

-Emma: ¿Cómo estas Gianna? ¿Cómo está tu bebe?

-Gianna: Hola Emma; estamos bien gracias a Dios.

-Emma: Me alegro.

-Gianna: Ya en dos meses debo volver a trabajar y estoy preocupada porque no se con quien dejar a mi bebe.

-Emma: ¿Qué hay de tu mamá?

-Gianna: Tiene un viaje. Estaba pensando en dejarlo en una guardería, ¿Conoces alguna?

-Emma: Donde yo dejaba a mis niños. Es espectacular, tienen una piscina de pelotas, muchas niñeras, el servicio y atención son excelentes. Tienen una página en internet donde puedes meterte a ver a todas las niñeras, todas las áreas, los certificados de las niñeras y las opiniones de las otras madres.

-Gianna: Que bien, pásame el link por un mensaje de texto.

-Emma: Eso hare. También tienen una aplicación para teléfonos con la que puedes acceder a las cámaras de la guardería y ver a tu hijo en tiempo real.

-Gianna: ¿Qué? Eso es increíble.

-Emma: Si, la tecnología avanza muy rápido y ellos supieron aprovecharlo.

-Gianna: Me encanta eso. Lo que más me preocupaba era no saber de mi hijo en todo el dia, pero con eso está solucionado.

English

-Emma: How are you, Gianna? How's your baby?

-Gianna: Hi Emma. We are well, thank God.

-Emma: I'm glad.

-Gianna: In two months, I have to go back to work, and I'm worried because I don't know who to leave my baby with.

-Emma: What about your mother?

-Gianna: She has a trip. I was thinking of leaving him in daycare, do you know any?

-Emma: Where I used to leave my children. It's spectacular. They have a ball pool, a lot of nannies, and the service and attention are excellent. They have a website on the internet that you can visit and see all the nannies, all the areas, the nanny certificates, and the opinions of the other mothers.

-Gianna: Well, send me the link for a text message.

-Emma: That's what I'll do. They also have an application for phones with which you can access the cameras of the daycare and see your child in real-time.

-Gianna: What? That's unbelievable.

-Emma: Yes, the technology advances very fast, and they knew how to take advantage of it.

-Gianna: I love that. What worried me the most was not knowing about my son the whole day, but that solves it.

Seguros Medicos- Medical Insurances

Spanish

-Stevie: ¿Cómo estás?
-Francis: Bien, ¿Tu?
-Stevie: Bien, saliendo del hospital.
-Francis: ¿Y eso?
-Stevie: Me caí por las escaleras y me fracture la muñeca.
-Francis: ¿Cuándo?
-Stevie: Hace dos semanas.
-Francis: ¿Ya estas mejor?
-Stevie: Si, fui al doctor y me pusieron un yeso.
-Francis: Menos mal.
-Stevie: Si, lo mejor es que lo cubre el seguro medico.
-Francis: Que bueno. ¿Cuál usas?
-Stevie: Yo tengo un seguro privado, pero creo que me cambiare al Trumpcare u Obamacare, este es muy costoso.
-Francis: Yo uso el Trumpcare, es bastante bueno.
-Stevie: Eso estoy averiguando.
-Francis: Tengo un amigo que puede darte información.
-Stevie: Genial, te aviso para ir a verlo.

English

-Stevie: How are you?

-Francis: Good, you?

-Stevie: Good, coming out of the hospital.

-Francis: Why's that?

-Stevie: I fell down the stairs and fractured my wrist.

-Francis: When?

-Stevie: Two weeks ago.

-Francis: Are you better now?

-Stevie: Yes, I went to the doctor, and they put a cast on me.

-Francis: Thank goodness.

-Stevie: Yes, the best thing is that it's covered by medical insurance.

-Francis: That's good. Which one do you use?

-Stevie: I have private insurance, but I think I'll switch to Trumpcare or Obamacare. This is very expensive.

-Francis: I use Trumpcare. It's quite good.

-Stevie: That's what I'm researching.

-Francis: I have a friend who can give you information.

-Stevie: Great, I'll let you know so you can go see him.

Seguros de carros - Car Insurances

Spanish

-Chris: ¿Cómo estas vecino?
-Luke: Bien, todo bien.
-Chris: ¿Qué le paso a tu carro?
-Luke: Me chocaron el otro día.
-Chris: ¿En serio?
-Luke: Si, tristemente.
-Chris: ¿Y el que te choco no te va a pagar?
-Luke: No, me choco y huyo.
-Chris: Yo estaría molesto.
-Luke: Lo estoy.
-Chris: ¿Y el seguro no te lo arregla?
-Luke: No tengo seguro, nunca supe cómo funcionaba eso.
-Chris: Gran error.
-Luke: Si, eso he estado pensando.
-Chris: Yo te puedo ayudar con eso.
-Luke: Muchas gracias. ¿Tu cual usas?
-Chris: El seguro privado que yo tengo tiene servicios como responsabilidad por daño a la propiedad, responsabilidad por daño corporal, pago medico, cobertura de conductores sin seguro, daños por colisión y cobertura completa.
-Luke: Suena perfecto, protección para todos los casos.
-Chris: Así es, lástima que no sabias.
-Luke: Lo tendré muy en cuenta para el próximo vehículo, o para este si logro arreglarlo.

English

-Chris: How are you, neighbor?

-Luke: Fine, everything's fine.

-Chris: What happened to your car?

-Luke: I was hit the other day.

-Chris: Really?

-Luke: Yes, sadly.

-Chris: And the one who hit you won't pay you?

-Luke: No, he crashed and ran away.

-Chris: I'd be upset.

-Luke: I am.

-Chris: And the insurance won't fix it for you?

-Luke: I don't have insurance. I never knew how that worked.

-Chris: Big mistake.

-Luke: Yeah, that's what I've been thinking.

-Chris: I can help you with that.

-Luke: Thank you very much. Which one do you use?

-Chris: The private insurance I have has services like property damage liability, bodily injury liability, medical payment, uninsured drivers coverage, collision damage, and full coverage.

-Luke: Sounds perfect, protection for all cases.

-Chris: That's right. Too bad, you didn't know.

-Luke: I will keep it very much in mind for the next vehicle or for this one if I manage to fix it.

Servicio de correo- Postal Service

Spanish

-Charles: Hola Olivia, ¿Estas ocupada?
-Olivia: Hola Charles, no mucho, ¿Por?
-Charles: Quería preguntarte algo.
-Olivia: Claro, dime.
-Charles: Compre algo por internet y me gustaría que me llegara a la casa, pero no tengo idea de cuál servicio postal utilizar.
-Olivia: Hay muchos, yo uso el USPS, tiene un montón de servicios como correo express, envio de primera clase, correo de prioridad, confirmación de entrega, correo certificado, seguro y respuesta pagada. Es bastante bueno.
-Charles: Perfecto, creo que usare ese, tiene bastantes servicios interesantes.
-Olivia: Ese es el que yo uso.
-Charles: Muchas gracias, te aviso como me va con ellos.

English

-Charles: Hi, Olivia, are you busy?
-Olivia: Hello, Charles, not much. Why?
-Charles: I wanted to ask you something.
-Olivia: Sure, tell me.

-Charles: I bought something online, and I'd like to have it delivered to my house, but I have no idea which postal service to use.

-Olivia: There are many. I use the USPS. It has a lot of services like express mail, first-class mail, priority mail, delivery confirmation, certified mail, insurance, and paid response. It's pretty good.

-Charles: Perfect. I think I'll use that one. It has quite a few interesting services.

-Olivia: That's the one I use.

-Charles: Thank you very much. I'll let you know how I'm doing with them.

Suscripciones – Subscriptions

Spanish

-Ana: Hola Tatiana buen día, ¿Cómo van con la mudanza?

-Tatiana: Hola todo bien, ahí vamos, que bueno que te interese. ¿Crees que me puedas aclarar unas dudas con el asunto de las suscripciones? Sabes que estoy nueva en el país y tengo dudas al respecto.

-Ana: Si claro, aprovechemos que aun no llega mucha gente a la oficina para hablar.

-Tatiana: ¿Cuáles tienes tú?

-Ana: Yo estoy suscrita a servicios de entretenimiento como Netflix, Hulu y Youtube red; estoy suscrita al Amazon prime para compras por internet y estoy suscrita a la revista Home, porque dan buenos tips de cosas para el hogar.

-Tatiana: Entiendo, muchas gracias.

-Ana: ¿Hay algo que te interese?

-Tatiana: He escuchado sobre Spotify. ¿Para qué es esa?

-Ana: Esa es muy buena, es para escuchar música. Mucha gente la usa, yo no porque yo uso Apple Music.

-Tatiana: Ah está bien. Seguimos hablando luego, ya está llegando gente y hay que trabajar.

-Ana: Esta bien, cualquier cosa me avisas.

English

-Ana: Hi, Tatiana, good day. How are you doing with the moving?

-Tatiana: Hi, everything's fine. Here we are, it's good that you're interested. Do you think you can clarify some doubts with the matter of subscriptions? You know I'm new in the country, and I have doubts about it.

-Ana: Of course, let's take the chance that still not many people have arrived at the office to talk.

-Tatiana: Which do you have?

-Ana: I am subscribed to entertainment services such as Netflix, Hulu, and Youtube. I am subscribed to Amazon prime for internet shopping, and I am subscribed to Home magazine because they give good tips on things for the home.

-Tatiana: I understand, thank you very much.

-Ana: Is there anything that interests you?

-Tatiana: I've heard about Spotify. What's that for?

-Ana: That's very good. It's for listening to music. A lot of people use it. I don't because I use Apple Music.

-Tatiana: Ah, it's good. We'll talk later. People are arriving, and we have to work.

-Ana: All right, let me know anything.

Chapter 4: Day-to-Day conversations- Conversaciones del día a día

Pidiendo una pizza-Ordering a pizza

Spanish

-Max: Buenas tardes, ¿Pizzería Loca?
-Operador telefónico: Correcto. ¿En que lo puedo ayudar?
-Max: Me gustaría saber si tienen servicio de entrega.
-Operador telefónico: Así es
-Max: Excelente. ¿Cuánto es el tiempo de entrega?
-Operador telefónico: Depende del lugar donde deba ser entregada.
-Max: A cuatro cuadras de su tienda.
-Operador telefónico: Aproximadamente diez minutos.
-Max: Perfecto. ¿Qué tamaños de pizza tiene?
-Operador telefónico: Pequeña, mediana, grande, extra grande y súper grande.
-Max: ¿Para cuantas personas son?
-Operador telefónico: La pequeña es para una sola persona, la mediana para dos, la grande para cuatro, la extra grande para seis y la súper grande para ocho.
-Max: Excelente. ¿Qué ingredientes adicionales tienes?

-Operador telefónico: Maíz, cebolla, pimentón, champiñones, extra queso, jamón, piña, jalapeños, pepperoni, salchichas, carne, pollo, papas fritas, queso cheddar, aceitunas y anchoas.
-Max: Entiendo. Voy a querer una súper grande con maíz, cebolla, pimentón, extra queso y jamón; una extra grande con papas fritas y pepperoni y una pequeña con anchoas y piña.
-Operador telefónico: Anotado. ¿Desea algo para tomar?
-Max: ¿Qué tiene?
-Operador telefónico: Gaseosas, té helado, café y jugos naturales.
-Max: Tres gaseosas de 2 litros.
-Operador telefónico: Listo. Su orden llegara en cuarenta minutos.
-Max: Muy bien, ¿para pagar?
-Operador telefónico: Puede pagarle al chico de entregas en efectivo, con tarjeta o a través de nuestra app.
-Max: Muchas gracias.

English

-Max: Good afternoon, Pizzeria Loca?
-Telephone operator: Correct. How can I help you?
-Max: I would like to know if you have a delivery service.
-Telephone operator: That's right.
-Max: Excellent. How long is the delivery time?
-Telephone operator: Depends on where it should be delivered.
-Max: Four blocks from your store.
-Telephone operator: Approximately ten minutes.

-Max: Perfect. What pizza sizes do you have?
-Telephone operator: Small, medium, large, extra-large, and super large.
-Max: How many people are they for?
-Telephone operator: The small one is for one person, the medium one for two, the big one for four, the extra big one for six, and the super big one for eight.
-Max: Excellent. What additional ingredients do you have?
-Telephone operator: Corn, onion, paprika, mushrooms, extra cheese, ham, pineapple, jalapeños, pepperoni, sausages, meat, chicken, french fries, cheddar cheese, olives, and anchovies.
-Max: I understand. I'm going to order a super large one with corn, onion, paprika, extra cheese, and ham; an extra-large one with fries and pepperoni and a small one with anchovies and pineapple.
-Telephone operator: Annotated. Would you like something to drink?
-Max: What do you have?
-Telephone operator: Soft drinks, iced tea, coffee, and natural juices.
Max: Three 2-liter soft drinks.
-Telephone operator: Ready. Your order will arrive in forty minutes.
-Max: All right, to pay?
-Telephone operator: You can pay the delivery boy in cash, by card, or through our app.
-Max: Thank you very much.

Centro comercial - Shopping Mall

Spanish

-Andrea: ¡Mira! Ya abrieron el nuevo centro comercial.

-Penélope: ¡WAO! Se ve increíble.

-Andrea: Deberíamos entrar a ver.

-Penélope: Me parece excelente.

-Andrea: Vamos entonces.

... Dentro del centro comercial...

-Andrea: Apenas estoy entrando y ya me encanta.

-Penélope: La entrada esta espectacular.

-Andrea: Así es. Mira todas las tiendas que tiene.

-Penélope: Si, eso estaba viendo. Tiene zapaterías, perfumerías, heladerías, peluquerías, barberías, salones de belleza, tiendas de ropa y hasta una academia de baile.

-Andrea: Que emoción. Tiene también un cine, un arcade, tienda de electrónicos, tienda de videojuegos, un supermercado, panaderías, parques para niños, restaurantes y están remodelando una tienda de comida rápida.

-Penélope: Amo este lugar. Creo que pasare aquí mucho tiempo.

-Andrea: Opino igual.

-Penélope: Vengamos todos los viernes a visitar una tienda nueva.

-Andrea: Listo. Lo pondré en mi agenda.

-Penélope: Hoy comamos helado en esa tienda de allí.

-Andrea: ¿Cuál es tu sabor favorito?

-Penélope: Me encanta el de fresa, ¿Y a ti?

-Andrea: Amo el de torta suiza.

-Penélope: ¿Probaste el de chocolate de avellanas?

-Andrea: Lo voy a probar hoy.

English

-Andrea: Look! They've already opened the new shopping center.

-Penelope: WOW! It looks incredible.

-Andrea: We should go in and see.

-Penelope: I find it excellent.

-Andrea: Let's go then.

... Inside the mall...

-Andrea: I'm just coming in, and I love it already.

-Penelope: The entrance is spectacular.

-Andrea: That's right. Look at all the stores it has.

-Penelope: Yes, that's what I was seeing. It has shoe stores, perfumeries, ice cream shops, hairdressers, barbershops, beauty salons, clothing stores, and even a dance academy.

-Andrea: So exciting. It also has a cinema, an arcade, an electronics store, a video game store, a supermarket, bakeries, children's parks, restaurants, and they are remodeling a fast food store.

-Penelope: I love this place. I think I'll spend a lot of time here.

-Andrea: I feel the same way.

-Penelope: Let's come every Friday to visit a new store.

-Andrea: Ready. I'll put it in my schedule.

-Penelope: Today, let's have ice cream in that store over there.

-Andrea: What's your favorite flavor?

-Penelope: I love strawberry, and what about you?

-Andrea: I love Swiss cake.

-Penelope: Have you tried the hazelnut chocolate one?

-Andrea: I'm going to try it today.

Pidiendo un café - Ordering a coffee

Spanish

-Andrew: Buenos días. ¿Cómo está hoy?

-Vendedor: Muy bien, gracias por preguntar. ¿Y usted?

-Andrew: Bien también.

-Vendedor: ¿Cómo va a querer su café?

-Andrew: Hoy quiero algo nuevo. ¿Qué opciones hay?

-Vendedor: Tengo café con leche, frapucino, capucino, late vainilla, café con chocolate, café con crema, café helado y café extra fuerte.

-Andrew: ¿Cuál me recomiendas?

-Vendedor: A mí me gustan todos. El café extra fuerte es amargo, el café con crema muy dulce, el café helado es delicioso y el frapucino, capucino y late vainilla son la especialidad.

-Andrew: Dame entonces un café helado.

-Vendedor: En camino.

-Andrew: Muchas gracias. Toma esta propina.

-Vendedor: Gracias señor, que tenga un buen día.

English

-Andrew: Good morning. How are you today?

-Seller: Very well, thank you for asking. And you?

-Andrew: Good too.

-Seller: How will you want your coffee?

-Andrew: I want something new today. What are the options?

-Seller: I have coffee with milk, frappuccino, cappuccino, late vanilla, coffee with chocolate, coffee with cream, iced coffee, and extra strong coffee.

-Andrew: Which one do you recommend?

-Seller: I like them all. Extra strong coffee is bitter, coffee with cream is too sweet, iced coffee is delicious, and frappuccino, cappuccino, and late vanilla are the specialties.

-Andrew: Then give me an iced coffee.

-Seller: On the way.

-Andrew: Thank you very much. Take this tip.

-Salesman: Thank you, sir, have a good day.

Usando un autobus - Using a bus

Spanish

-Brad: Buenas noches.
-Katy: Buenas noches.
-Brad: ¿Esta es la estación de autobús de Brickell?
-Katy: No, esta es la estación de Miami Beach.
-Brad: ¿Como llego a la estación de Brickell?
-Katy: Espera al autobús que diga ruta 3.
-Brad: Ok, muchas gracias.
-Katy: A tu orden.
-Brad: Y, ¿Para llegar hasta la estación de Davie?
-Katy: Puedes ir a la estación de Brickell tomar el autobús de la ruta 5 o esperar aquí y tomar el autobús de la ruta 7.
-Brad: ¿Sabes a qué hora salen los autobuses?
-Katy: Allá está el horario. Puedes chequear allí.
-Brad: Excelente. Hasta luego.
-Katy: Hasta luego.

English

-Brad: Good evening.
-Katy: Good evening.
-Brad: Is this the Brickell bus station?
-Katy: No, this is Miami Beach Station.
-Brad: How do I get to Brickell Station?

-Katy: Wait for the bus that says route 3.

-Brad: Okay, thank you very much.

-Katy: On your order.

-Brad: And, to get to Davie Station?

-Katy: You can go to Brickell station and take the bus from route 5 or wait here and take the bus from route 7.

-Brad: Do you know what time the buses leave?

-Katy: There is the schedule. You can check there.

-Brad: Excellent. See you later.

-Katy: See you later.

Comprando alimentos – Buying food food

Spanish

-Eric: Amor, invite a mis amigos a comer mañana.
-Sheila: Que bueno, ¿qué vas a cocinar?
-Eric: Pensaba hacer una parrilla, quizás una ensalada y algo de postre.
-Sheila: Debes ir al supermercado a comprar.
-Eric: ¿Me acompañas?
-Sheila: Vamos.
… En el supermercado…
-Eric: Hay que comprar carne, salchichas, papas, cebollas, tomate, pepino, calabacín, azúcar, sal, cervezas, refrescos, harina, leche, huevos y aceite de oliva.
-Sheila: Esta bien, también hay que comprar más verduras para las ensaladas de la semana como brócoli, lechuga, berenjenas, coliflor y espinaca. Ya tenemos poco arroz y pasta.
-Eric: Vayamos a la sección de descuentos a ver que ofertas hay hoy.
-Sheila: Ok.
-Eric: Deberíamos comprar unas chucherías para los hijos de mis amigos como chocolates, malvaviscos y esas cosas.
-Sheila: Bien pensado.
-Eric: También hay que comprar carbón.
-Sheila: Ya lo busco.

English

-Eric: Love, I invited my friends to eat tomorrow.

-Sheila: Good, what are you going to cook?

-Eric: I thought I'd make a grill, maybe a salad, and some dessert.

-Sheila: You have to go to the supermarket to buy.

-Eric: Will you come with me?

-Sheila: Let's go.

... At the supermarket ...

-Eric: We have to buy meat, sausages, potatoes, onions, tomatoes, cucumbers, zucchini, sugar, salt, beer, soft drinks, flour, milk, eggs, and olive oil.

-Sheila: Okay, you also need to buy more vegetables for the week's salads like broccoli, lettuce, eggplant, cauliflower, and spinach. We are already short on rice and pasta.

-Eric: Let's go to the discount section and see what's on today.

-Sheila: Ok.

-Eric: We should buy some sweets for my friends' kids like chocolates, marshmallows, and stuff.

-Sheila: Good thinking.

-Eric: We also have to buy charcoal.

-Sheila: I'll get it.

Comprando ropa - Buying Clothes

Spanish

-Daniela: ¡Brittany! ¿Que haras mañana?
-Brittany: Creo que nada, ¿Por?
-Daniela: En el nuevo centro comercial hay una tienda de ropa que hace descuentos de hasta el 50% todos los miércoles y jueves.
-Brittany: Eso es una locura.
-Daniela: Absolutamente, quería ir mañana. ¿Vienes?
-Brittany: Seguro, ¿A qué hora?
-Daniela: A las tres de la tarde.
-Brittany: Nos vemos allá.
… En la tienda de ropa al día siguiente…
-Daniela: Todo es hermoso, y esta súper barato.
-Brittany: No se que comprarme de todo lo que hay.
-Daniela: ¿Qué necesitas?
-Brittany: Necesito pantalones, vi unos jeans azules y unos negros que me gustaron. También vi algunas licras de colores que me gustaron y leggins punteados bellísimos.
-Daniela: Si yo vi los leggins y están bellos. Hay unas sudaderas de camuflaje que quedarían espectaculares con ellos; hay unas camisetas de rayas que no me gustan.
-Brittany: Creo que se cuales son, ¿Están cerca de las bufandas?
-Daniela: Esas.

-Brittany: Los zapatos y las carteras están normales, he visto cosas más bonitas.
-Daniela: ¿Viste las faldas y los vestidos?
-Brittany: No, ¿Dónde están?
-Daniela: Detrás de los probadores, cerca de la caja
-Brittany: Ya iré a verlos.
-Daniela: Primero mira estas camisas unicolores, hay rojas, verdes, moradas, rosadas, negras, turquesas y blancas.
-Brittany: Estan bonitas, se parecen a las franelas de allá.
-Daniela: Tienes razón. Ahora, veamos los vestidos y faldas.

English

-Daniela: Brittany! What are you doing tomorrow?
-Brittany: I guess nothing, why?
-Daniela: In the new mall, there is a clothing store that offers discounts of up to 50% every Wednesday and Thursday.
-Brittany: That's crazy.
-Daniela: Absolutely, I wanted to go tomorrow. Are you coming?
-Brittany: Sure, what time?
-Daniela: At three o'clock in the afternoon.
-Brittany: See you there.
... In the clothes shop the next day ...
-Daniela: Everything is beautiful, and it's super cheap.
-Brittany: I don't know what to buy from everything there is.
-Daniela: What do you need?

-Brittany: I need pants. I saw some blue jeans and some black ones that I liked. I also saw some colored Lycras that I liked and some beautiful dotted leggings.

-Daniela: I saw the leggings and they're beautiful. There are some camouflage sweatshirts that would look spectacular with them. There are some striped t-shirts that I don't like.

-Brittany: I think I know which ones. Are they near the scarves?

-Daniela: Those.

-Brittany: Shoes and purses are normal, I've seen prettier things.

-Daniela: Did you see the skirts and the dresses?

-Brittany: No, where are they?

-Daniela: Behind the dressing rooms, near the box.

-Brittany: I'll go and see them.

-Daniela: First, look at these unicolored shirts. There are red, green, purple, pink, black, turquoise, and white.

-Brittany: They're pretty. They look like the flannels over there.

-Daniela: You're right. Now, let's see the dresses and skirts.

Ir a un restaurant – Go to a Restaurant

Spanish

-Valeria: Muchas gracias por invitarme a cenar hoy.
-Domin: No tienes que agradecer, te lo mereces.
-Valeria: Esta bien.
-Domin: Buenas noches, mesa para dos por favor.
-Mesonero: Buenas noches, por aquí, por favor.
-Domin: Gracias.
-Valeria: Gracias.
-Mesonero: Tomen asiento.
-Domin: Muchas gracias, muy amable. Me trae el menú cuando pueda por favor.
-Mesonero: Seguro. Un momento.
-Valeria: Que lugar tan bonito. Muy tranquilo y lujoso.
-Domin: Eso es lo que me gusta.
-Mesonero: Aquí tiene el menú.
-Domin: Genial.
-Valeria: ¿Me puede traer un vaso de agua?
-Mesonero: En seguida.
-Domin: ¿Chequeaste el menú?
-Valeria: Se ve todo muy rico. Las sopas, las entradas, los platos, las bebidas, los postres.
-Domin: Yo pediré una ensalada cesar, una lasaña, un mojito y de postre pensaba en una torta.

-Valeria: Yo creo que pediré una ensalada capresa, una pizza, tomare una copa de vino y no creo que quede espacio para el postre.

-Domin: Bien pensado.

-Mesonero: Aquí tiene su agua señorita.

-Valeria: Gracias.

-Domin: Ya estamos listos para ordenar.

-Mesonero: Dígame su orden.

-Domin: Yo voy a querer esto, esto, esto y de postre esto.

-Mesonero: ¿Y la señora?

-Valeria: Yo pediré esto, esto y esto.

-Mesonero: Excelente. Vuelvo en un momento.

-Domin: Muchas gracias. Me trae la cuenta de una vez, por favor.

-Mesonero: Como no.

English

-Valeria: Thank you so much for inviting me to dinner today.

-Domin: You don't have to thank me. You deserve it.

-Valeria: Okay.

-Domin: Good evening. Table for two, please.

-Waiter: Good evening. This way, please.

-Domin: Thank you.

-Valeria: Thank you.

-Waiter: Have a seat.

-Domin: Thank you very much. Please bring me the menu when you can.

-Waiter: Sure. Just a moment.

-Valeria: What a beautiful place. Very quiet and luxurious.

-Domin: That's what I like.

-Waiter: Here's the menu.

-Doma: Great.

-Valeria: Can you get me a glass of water?

-Waiter: Right away.

-Domin: Did you check the menu?

-Valeria: Everything looks very nice, the soups, the appetizers, the dishes, the drinks, the desserts.

-Domin: I'll order a caesar salad, a lasagna, a mojito, and for dessert, I thought of a cake.

-Valeria: I think I'll order a capresa salad, a pizza. I'll have a glass of wine and I don't think I'll eat dessert.

-Domin: Good thinking.

-Waiter: Here's your water, miss.

-Valeria: Thank you.

-Domin: We're ready to order.

-Waiter: Tell me your order.

-Domin: I'm going to want this, this, this, and this for dessert.

-Waiter: And the lady?

-Valeria: I'll ask for this, this, and this.

-Waiter: Excellent. I'll be right back.

-Domin: Thank you very much. Bring me the bill once, please.

-Waiter: Of course.

Pasear al perro- Walk the Dog

Spanish

-Matt: Mamá voy a salir a pasear al perro.

-Madre: Ve con cuidado.

-Matt: Tranquila, voy con Heather.

-Madre: Mandale saludos de mi parte.

-Matt: Esta bien.

... En el parque de perros...

-Matt: Hola Heather, ¿Cómo estás?

-Heather: Muy bien, ¿Y tú?

-Matt: Excelente. ¿Cómo está Rosi?

-Heather: Esta muy bien, mírala, ayer la bañe con jabón anti pulgas.

-Matt: Que bueno, yo quiero bañar a Roll, tiene muchas pulgas.

-Heather: Es que ya tiene el pelo muy largo.

-Matt: Es que por su raza le crece rápido.

-Heather: ¿Qué raza es?

-Matt: Es un labrador.

-Heather: Con razón.

-Matt: Dicen que a algunas razas les caen mas pulgas que a otras.

-Heather: ¿Cuáles?

-Matt: ¿Ves aquel perro? Es un pastor alemán. Ellos tienen muchas.

-Heather: ¿Y ese?

-Matt: Ese es un Beagle. Ellos no tienen muchas.

-Heather: Ya veo.

-Matt: Mira Heather, Rosi hizo pupú.

-Heather: Aquí tengo la bolsa, ya lo recojo

English

-Matt: Mom, I'm going out to walk the dog.

-Mother: Be careful.

-Matt: Don't worry, I'm going with Heather.

-Mother: Tell him I said hi.

-Matt: All right.

... In the dog park...

-Matt: Hi Heather, how are you?

-Heather: Very well, how are you?

-Matt: Excellent. How's Rosi?

Heather: She's very well. Look at her. Yesterday, I bathed her with anti-flea soap.

-Matt: Well, I want to bathe Roll. He's got a lot of fleas.

-Heather: He's got long hair.

-Matt: Because of his breed, it grows fast.

-Heather: What breed is it?

-Matt: It's a golden Labrador.

-Heather: Rightly so.

-Matt: They say that some breeds get more fleas than others.

-Heather: Which ones?

-Matt: See that dog? He's a German shepherd. They have many.

-Heather: What about that one?

-Matt: That's a Beagle. They don't have many.

-Heather: I see.

-Matt: Look, Heather. Rosi made poop.

-Heather: Here's the bag. I'll pick it up.

Autolavados- Carwashes

Spanish

-Tony: Buenas tardes.
-Luis: Buenas tardes Sr Tony, ¿Cómo le va?
-Tony: Muy bien Luis, ¿Y a ti?
-Luis: Todo bien gracias a Dios.
-Tony: Me alegro. ¿Estás ocupado?
-Luis: Un poco, ¿Qué necesita?
-Tony: ¿Puedes llevar mi carro al autolavado?
-Luis: Seguro, en unos minutos.
-Tony: Perfecto, muchas gracias.
-Luis: ¿Va a querer que lo laven, lo aspiren y lo pulan?
-Tony: Correcto. Que lo laven con mucha espuma. Y que laven bien los rines y la tapicería.
-Luis: Entendido. Déjeme las llaves y lo llevo cuando pueda.
-Tony: Aquí tienes. Gracias.
-Luis: Para servirle.

English

Tony: Good afternoon.
-Luis: Good afternoon, Mr. Tony, how are you doing?
-Tony: Very well, Luis. And you?
-Luis: All good, thank God.
-Tony: I'm glad. Are you busy?

-Luis: A little, what do you need?

-Tony: Can you take my car to the car wash?

-Luis: Sure, in a few minutes.

-Tony: Perfect, thank you very much.

-Luis: Are you going to want it washed, vacuumed, and polished?

-Tony: That's right. To be washed with a lot of foam. And let them wash the rims and the upholstery well.

-Luis: Understood. Let me have the keys, and I'll take it when I can.

-Tony: Here you go. Thank you.

-Luis: To serve you.

Pedir una cita- Make an Appointment

Spanish

-Mac: Buenos días. ¿Es este el consultorio del Dr. Lewis?

-Secretaria: Correcto. ¿En qué puedo ayudarle?

-Mac: Estoy llamando para pedir una cita médica.

-Secretaria: ¿Para cuándo desea pedir la cita?

-Mac: Estoy libre estos Jueves y Viernes.

-Secretaria: Para esos días ya no hay citas.

-Mac: ¿Cuándo entonces?

-Secretaria: El lunes en la tarde o el martes en la mañana.

-Mac: ¿A qué hora el lunes?

-Secretaria: A las 4:30 PM.

-Mac: ¿Y el martes?

-Secretaria: El martes seria a las 7:00 am.

-Mac: Pongame la cita el martes a las 7:00 am entonces.

-Secretaria: Perfecto. No lo olvide.

-Mac: No lo hare.

English

-Mac: Good morning. Is this Dr. Lewis' office?

-Secretary: Correct. How can I help you?

-Mac: I'm calling to make an appointment.

-Secretary: When do you want to make the appointment?

-Mac: I'm free this Thursday and Friday.

-Secretary: For those days, there are no more appointments.

-Mac: When then?

-Secretary: Monday afternoon or Tuesday morning.

-Mac: What time on Monday?

-Secretary: 4:30 PM.

-Mac: What about Tuesday?

-Secretary: Tuesday would be at 7:00 am.

-Mac: Put me on Tuesday at 7:00 am then.

-Secretary: Perfect. Don't forget it.

-Mac: I won't.

Visitando el banco-Visiting the bank

Spanish

-Jake: Buenas, disculpe, ¿Se encuentra el gerente del banco?

-Vigilante: Si, ¿Quién pregunta?

-Jake: Jake Smith, un amigo suyo.

-Vigilante: Un momento....

-Vigilante: Pase adelante.

-Jake: Gracias.

-Phil: Bienvenido Jake.

-Jake: ¿Qué tal? ¿Qué me cuentas?

-Phil: Todo bien. Mucho trabajo aquí en el banco, pero supongo que sabes como es.

-Jake: Me imagino. Siempre te veo apurado.

-Phil: Mas o menos. ¿Qué haces por aquí?

-Jake: Era para pedir un balance de mis cuentas, y preguntar sobre los nuevos intereses e impuestos.

-Phil: Pudiste haberme llamado para eso. Ya te paso todo eso por correo electrónico.

-Jake: Gracias Phil, eres el mejor.

-Phil: Tranquilo, cuando quieras.

English

-Jake: Hi, excuse me. Is the bank manager in?

-Watchman: Yes, who's asking?

-Jake: Jake Smith, a friend of his.
-Watchman: One moment.....
-Watchman: Come in.
-Jake: Thank you.
-Phil: Welcome Jake.
-Jake: How are you? What do you tell me?
-Phil: All right. A lot of work here at the bank, but I guess you know what it's like.
-Jake: I can imagine. You're always in a hurry.
-Phil: More or less. What are you doing here?
-Jake: It was to ask for a balance of my accounts and to ask about the new interest and taxes.
-Phil: You could have called me for that. I'll pass all that on to you by email.
-Jake: Thanks Phil, you're the best.
-Phil: Take it easy, anytime.

Visitando la escuela - Visiting the School

Spanish

-Jason: Disculpe, ¿Tiene tiempo para hablar?
-Profesora: Claro, dígame.
-Jason: Soy Jason Thompson, el padre de Mike.
-Profesora: Mucho gusto.
-Jason: Mucho gusto. Quería preguntarle ¿Cómo va mi hijo en clases?
-Profesora: Va excelente. Es un alumno sobresaliente.
-Jason: Me alegra oírlo, el se esfuerza mucho estudiando en casa.
-Profesora: Su esfuerzo está dando resultados. Sígueme, la directora quiere conocerlo desde hace tiempo.
-Jason: ¿Y eso para qué?
-Profesora: Para saber más sobre el método de estudio de su hijo y usarlo con los otros alumnos.
-Jason: De acuerdo. Vamos.
… En la oficina de la directora…
-Profesora: Directora, este es el Sr Thompson, el papa de Mike, el niño que sale muy bien en clases.
-Directora: Encantada de conocerlo. Tenía tiempo preguntándome quién era el padre de Mike.
-Jason: Un placer.
-Directora: Su hijo es brillante. Me gustaría conversar con usted sobre varias cosas.

-Jason: Muchas gracias, me halaga. Por supuesto, estoy a la orden.

English

-Jason: Excuse me. Do you have time to talk?
-Teacher: Sure, tell me.
-Jason: I'm Jason Thompson, Mike's father.
-Teacher: Nice to meet you.
-Jason: Nice to meet you. I wanted to ask you, how's my son doing in class?
-Teacher: He's going great. He's an outstanding student.
-Jason: I'm glad to hear it. He works very hard studying at home.
-Teacher: His effort is paying off. Follow me, the principal has been wanting to meet you for a long time.
-Jason: What's that for?
-Teacher: To learn more about your child's study method and use it with other students.
-Jason: Okay. Let's go.
... In the principal's office...
-Teacher: Principal, this is Mr. Thompson, Mike's dad. The boy who does very well in class.
-Principal: Nice to meet you. I have been wondering who Mike's father was.
-Jason: My pleasure.

-Principal: Your son is brilliant. I'd like to talk to you about a few things.
-Jason: Thank you very much, I'm flattered. Of course, I'm on your orders.

Ir al cine - Going to the cinema

Spanish

-Samuel: Alo, ¿Dari?
-Dari: Si, ¿Quién es?
-Samuel: Soy yo, Samuel.
-Dari: Ahh hola Samuel, ¿Cómo estás?
-Samuel: Todo bien, ¿Y tú?
-Dari: Bien, descansando.
-Samuel: Que bueno. Hoy estrenan la nueva película de terror que querías ver.
-Dari: ¿En serio?
-Samuel: Si, ¿Vamos al cine a verla?
-Dari: Me encantaría.
-Samuel: Perfecto, paso por ti a las 4:30 de la tarde para ir a comprar los boletos.
-Dari: ¿No es mejor que pases a las 5:00 y yo los compro por internet?
-Samuel: Bien pensado. A las 5:00 entonces.
-Dari: Genial.
-Samuel: ¿Puedes apartar unas palomitas por internet?
-Dari: Creo que sí, ya intentare.
-Samuel: Gracias. Nos vemos más tarde.

English

-Samuel: Alo, Dari?

-Dari: Yes, who is it?

-Samuel: It's me, Samuel.

-Dari: Ahh, hello, Samuel, how are you?

-Samuel: All right, how are you?

-Dari: I'm fine, resting.

-Samuel: That's good. Today, the new horror movie you wanted to see is released.

-Dari: Really?

-Samuel: Yes, shall we go to the movies to see it?

-Dari: I'd love to.

-Samuel: Perfect. I'll pick you up at 4:30 p.m. to buy the tickets.

-Dari: Isn't it better if you come by at 5:00 and I buy them online?

-Samuel: Good thinking. At 5:00 then.

-Dari: Great.

-Samuel: Can you get some popcorn online?

-Dari: I think so. I'll try.

-Samuel: Thank you. See you later.

Yendo a un partido de futbol-Going to a Football Match

Spanish

-Alan: ¡Hola! ¿Cómo te va?

-Nicolás: Hermano, todo bien, ¿Tu?

-Alan: Muy contento. Ayer en el entrenamiento me eligieron capitán para el partido de hoy.

-Nicolás: Excelente noticia. Me alegro por ti, te esforzaste mucho por eso.

-Alan: Fueron muchos meses de trabajo duro, pero lo logre.

-Nicolás: Así es.

-Alan: Voy camino al partido, ¿Vas a hacer algo ahorita?

-Nicolás: No creo, ¿Por?

-Alan: Ven conmigo para que veas el partido.

-Nicolás: Suena bien.

-Alan: El equipo también está contento, hemos practicado mucho.

-Nicolás: Todos lo hemos notado.

-Alan: Hoy jugaremos con una formación 4-3-3, con Pedro como portero; Jack, Buck y Joey como delanteros; Víctor, Héctor y Javier como mediocampistas y Luis, José, Cesar y yo como defensas.

-Nicolás: Estoy seguro que van a ganar.

-Alan: Yo también.

-Nicolás: Esperemos que el campo este en buenas condiciones, grama cortada, sin huecos y sin pantanos.

-Alan: Ayer estaba bien.

English

-Alan: Hi! How's it going?

-Nicolas: Brother, everything's fine, you?

-Alan: Very happy. Yesterday, in training, I was elected captain for today's match.

-Nicolas: Excellent news. I'm happy for you. You worked very hard for that.

-Alan: It was many months of hard work, but I did it.

-Nicolas: That's right.

-Alan: I'm on my way to the game. Are you going to do something right now?

-Nicolas: I don't think so, why?

-Alan: Come with me to watch the game.

-Nicolas: Sounds good.

-Alan: The team is also happy. We've practiced a lot.

-Nicolas: We've all noticed.

-Alan: Today, we will play with a 4-3-3 formation, with Pedro as goalkeeper; Jack, Buck, and Joey as strikers, Victor, Hector, and Javier as midfielders, and Luis, José, Cesar, and myself as defenders.

-Nicolas: I'm sure you're going to win.

-Alan: Me too.

-Nicolas: Let's hope the field is in good condition, grass cut, no holes, and no swamps.

-Alan: Yesterday, it was fine.

Pidiendo un libro en la biblioteca- Asking for a Book at the Library

Spanish

-Emma: Buenas tardes.
-Roxana: Buenas tardes. Bienvenida a la biblioteca municipal.
-Emma: Muchas gracias.
-Roxana: ¿Vas a leer aquí o vas a pedir un préstamo para un libro?
-Emma: Es primera vez que vengo, ¿Qué clase de libros tiene?
-Roxana: Tenemos todo tipos de libros, de terror, de suspenso, de comedia, biografías, de ciencias, de política, de historia, de ficción, de romance, etcétera.
-Emma: ¿Y cómo es su política de préstamos?
-Roxana: Depende del historial de la persona, como tú eres nueva, te podemos prestar un libro por una semana, pasada esa semana, si no regresas el libro comenzaremos a aplicar sanciones para tus futuros prestamos.
-Emma: Ya veo. Mis favoritos son los de terror. ¿Cuál es el mejor que tiene?
-Roxana: El libro de terror mas pedido es "El Monstruo del ático".
-Emma: Perfecto, me lo llevo.
-Roxana: Ya te lo busco.

English

-Emma: Good afternoon.

-Roxana: Good afternoon. Welcome to the municipal library.

-Emma: Thank you very much.

-Roxana: Are you going to read here or are you going to borrow a book?

-Emma: It's my first time here. What kind of books do you have?

-Roxana: We have all kinds of books, horror, suspense, comedy, biographies, sciences, politics, history, fiction, romance, and so on.

-Emma: And how is your lending policy?

-Roxana: It depends on the history of the person. As you are new, we can lend you a book for a week. Passed that week, if you do not return the book, we will begin to apply sanctions for your future loans.

-Emma: I see. My favorites are horror. Which one is the best?

-Roxana: The most requested horror book is "The Monster in the Attic.

-Emma: Perfect, I'll take it.

-Roxana: I'll get it for you.

Pidiendo la clave del wifi- Asking for Wifi's Password

Spanish

-Gabriela: Buenas noches, ¿Está usted bien?

-Lucy: Buenas noches, en realidad no, me siento un poco mareada.

-Gabriela: ¿Hay algo que pueda hacer para ayudarla?

-Lucy: ¿Serias tan amable de buscar en internet que hacer en estos casos?

-Gabriela: Lo haría, pero no tengo conexión a internet en este momento.

-Lucy: Pídele la clave del wifi a aquella señora, ella es mi vecina.

-Gabriela: Perfecto, ya voy.

-Lucy: Gracias….

-Gabriela: Buenas noches, disculpe pero, ¿Podría darme usted la clave de su wifi? Su vecina Lucy se está sintiendo mal y necesito entrar a internet tan pronto como sea posible.

-Gladys: Claro cariño, la clave es 1234567891. ¿Qué tiene Lucy?

-Gabriela: Se está sintiendo un poco mareada y la veo débil. Buscare en internet que puede ser y como solucionarlo.

-Gladys: Hazme saber si necesitan algo más. Dile que me avise cuando mejore.

-Gabriela: Seguro.

English

-Gabriela: Good evening, are you all right?

-Lucy: Good evening, not really, I feel a little dizzy.

-Gabriela: Is there anything I can do to help you?

-Lucy: Would you be so kind as to search on the Internet what to do in these cases?

-Gabriela: I would, but I don't have an internet connection at the moment.

-Lucy: Ask that lady for the wifi password, she's my neighbor.

-Gabriela: Perfect, on my way.

-Lucy: Thank you...

-Gabriela: Good evening. Excuse me, but could you give me the password of your wifi? Your neighbor Lucy is feeling bad and I need to get on the Internet as soon as possible.

-Gladys: Sure, honey. The password is 1234567891. What's wrong with Lucy?

-Gabriela: She's feeling a little dizzy and I see her weak. I'll search the internet for what it could be and how to solve it.

-Gladys: Let me know if you need anything else. Tell her to let me know when she gets better.

-Gabriela: Sure.

Pidiendo un aventón- Asking for a Ride

Spanish

-Troy: Hey Alice, ¿Cómo estás?
-Alice: Troy, muy bien, ¿Y tú?
-Troy: Todo bien, un poco preocupado en realidad.
-Alice: ¿Por qué?
-Troy: Tengo que caminar a casa pero está lloviendo mucho.
-Alice: ¿Y porque no pides un aventón?
-Troy: ¿Tú crees?
-Alice: Claro, alguien de acá debe ir hacia allá.
-Troy: Bien pensado.
-Alice: ¿A dónde vas tú?
-Troy: A la Avenida 4 con calle 13.
-Alice: Ok. Creo que ron usa esa vía.
-Troy: ¿Puedes preguntarle?
-Alice: Hey Ron, ¿Tu pasas por la avenida 4 con calle 13 para ir a tu casa?
-Ron: Hola Alice, si, pero hoy no voy a mi casa.
-Alice: ¿Sabes de alguien que pase por ahí? Troy necesita un aventón por la lluvia.
-Ron: Estoy casi seguro que Amanda.
-Alice: Genial. Muchas gracias. Vamos Troy.
-Troy: Gracias de todas maneras Ron.
-Ron: En otra oportunidad será.
-Troy: Seguro.

-Alice: Hola Amanda. ¿Ya te vas?

-Amanda: Alice, si, ya voy saliendo a casa.

-Alice: Me dijo ron que pasas por la Avenida 4 con calle 13, ¿Correcto?.

-Amanda: Así es, ¿Por?

-Troy: ¿Crees que me puedas dar un aventón? La lluvia no me dejara caminar hasta allá.

-Amanda: Claro, con mucho gusto. Pero ya me voy, así que apúrate.

-Troy: Ok, muchas gracias, y gracias a ti también Alice. Nos vemos mañana.

-Alice: Hasta mañana.

English

-Troy: Hey Alice, how are you?

-Alice: Troy, all right, how are you?

-Troy: All right, a little worried really.

-Alice: Why?

-Troy: I have to walk home but it's raining a lot.

-Alice: Why don't you ask for a ride?

-Troy: You think so?

-Alice: Of course, someone from here must go there.

-Troy: Good thinking.

-Alice: Where are you going?

-Troy: 4th Avenue and 13th Street.

-Alice: Okay. I think Ron uses that road.

-Troy: Can you ask him?
-Alice: Hey, Ron. Do you go down 4th Avenue and 13th Street to your house?
-Ron: Hello, Alice. Yes, but I'm not going home today.
-Alice: Do you know of anyone passing by? Troy needs a ride because of the rain.
-Ron: I'm pretty sure Amanda does.
-Alice: Great. Thanks a lot. Come on Troy.
-Troy: Thanks anyway, Ron.
-Ron: Some other time.
-Troy: Sure.
-Alice: Hi, Amanda. Are you leaving already?
-Amanda: Alice, yes, I'm going home.
-Alice: Ron told me that you're going through 4th Avenue and 13th Street, right?
-Amanda: That's right, why?
-Troy: Do you think you can give me a ride? The rain won't let me walk there.
-Amanda: Of course, with pleasure. But I'm leaving now, so hurry.
-Troy: Okay, thank you very much, and thank you, Alice. See you tomorrow.
-Alice: See you tomorrow.

Visitando al doctor - Visiting the Doctor

Spanish

-Donald: Buenos días Doctor. ¿Cómo esta?

-Doctor: Muy bien, ¿Usted?

-Donald: Bien. Vengo por el chequeo mensual.

-Doctor: Esta bien, aunque la ultima salió bastante bien.

-Donald: Gracias a Dios. Pero me he sentido resfriado, por eso vine.

-Doctor: Muy bien, empecemos con la consulta y chequeo entonces.

-Donald: Gracias.

English

-Donald: Good morning, Doctor. How are you?

-Doctor: Very well, you?

-Donald: Good. I'm here for the monthly checkup.

-Doctor: All right, although the last one went quite well.

-Donald: Thank God. But I had a cold, that's why I came.

-Doctor: All right, let's start with the consultation and checkup then.

-Donald: Thank you.

Número equivocado- Wrong Number

Spanish

-Thalia: Hola, ¿Es este el numero de Noah?

-Extraño: Buenas tardes, me temo que no, está equivocado.

-Thalia: Llame al número equivocado, disculpe.

-Extraño: Vale, adios.

English

-Thalia: Hi, is this Noah's number?

-Stranger: Good afternoon. I'm afraid not, you're wrong.

-Thalia: I called the wrong number, excuse me.

-Stranger: Okay, bye.

Aplicar para un trabajo - Apply for a job

Spanish

-Vanessa: Buenas tardes. Vengo por el anuncio del periódico de que buscan un vendedor y me gustaría aplicar para el puesto.
-Secretaria: Buenas tardes, bienvenida. Toma asiento y serás atendida en un momento.
-Vanessa: Muchas gracias....
-Secretaria: Puedes pasar a la entrevista.
-Vanessa: Gra-gracias.
-Secretaria: No estés nerviosa, sonríe, te irá bien.
-Vanessa: De acuerdo.
...
-Vanessa: Buenas tardes.
-Entrevistador: Buenas tardes, siéntate por favor.
-Vanessa: Ok.
-Entrevistador: Me dijo la secretaria que estas aquí para aplicar por el puesto de vendedora, ¿es cierto?
-Vanessa: Si señor.
-Entrevistador: ¿Por qué deberíamos contratarte?
-Vanessa: Aquí tengo mi curriculum, puede ver que soy la indicada para el puesto, además, soy muy responsable y comprometida.
-Entrevistador: Ya veo. Me gustaría entrevistarla otro día con más calma.

-Vanessa: De acuerdo, ahí está mi número de teléfono, me llama.

English

-Vanessa: Good afternoon. I came for the newspaper ad that says you're looking for a salesman and I'd like to apply for the job.
-Secretary: Good afternoon, welcome. Take a seat and you will be attended in a moment.
-Vanessa: Thank you very much…
-Secretary: You can go to the interview.
-Vanessa: Tha-Thank you.
-Secretary: Don't be nervous. Smile. You'll be fine.
-Vanessa: Fine.
…
-Vanessa: Good afternoon.
-Interviewer: Good afternoon. Please sit down.
-Vanessa: Ok.
-Interviewer: The secretary told me that you are here to apply for the position of the saleswoman, is that right?
-Vanessa: Yes, sir.
-Interviewer: Why should we hire you?
-Vanessa: I have my resume here. You can see that I'm the right person for the job, and I'm very responsible and committed.
-Interviewer: I see. I'd like to interview you another day more slowly.
-Vanessa: Okay, there's my phone number. You call me.

Chapter 5: Common Jobs Conversations- Conversaciones Communes De Trabajos

Secretaria- Secretary

Spanish

-Secretaria: Buenos días jefe, ¿Cómo esta?

-Jefe: No me quejo, ¿Usted?

-Secretaria: Bien, un poco ocupada.

-Jefe: ¿Y eso?

-Secretaria: Estoy haciendo el itinerario de su viaje, enviando correos electrónicos a los otros miembros, pidiendo cotizaciones de hoteles y restaurantes, sacando copias de ciertos documentos y organizando las reuniones para el viernes.

-Jefe: Esta muy ocupada, ¿Necesita ayuda?

-Secretaria: Sería muy útil un ayudante para esta semana.

-Jefe: Perfecto, ya le consigo uno.

-Secretaria: Muchísimas gracias. No se olvide de enviarme los números de las personas a quienes debo llamar para que paguen.

-Jefe: Esta bien, ya se los entrego.

English

-Secretary: Good morning, boss. How are you?

-Boss: No complaints, you?

-Secretary: Well, a little busy.

-Boss: Why is that?

Secretary: I'm making the itinerary of your trip, sending e-mails to the other members, asking for quotations from hotels and restaurants, making copies of certain documents, and organizing meetings for Friday.

-Boss: You're very busy, do you need help?

-Secretary: A helper for this week would be very helpful.

-Boss: Perfect, I'll get you one.

-Secretary: Thank you very much. Don't forget to send me the numbers of the people I have to call to get them to pay.

-Boss: All right, I'll give them to you.

Chofer - Driver

Spanish

-Esther: Me voy, ya llego mi chofer.
-Aura: Hasta luego, que estés bien.
-Esther: Tu igual amiga.
-Chofer: Buenas noches señorita, ¿A dónde desea que la lleve?
-Esther: Buenas noches, ¿Qué hora es?
-Chofer: Son las 7:30 p.m. señora.
-Esther: Aun es temprano, ¿Puedes por favor llevarme a la farmacia para comprar unas medicinas y luego al supermercado para comprarle un helado a mi hijo que se siente mal?
-Chofer: Con gusto, ¿A qué farmacia y supermercado desea ir?
-Esther: A la farmacia más cercana, pero al supermercado si me gustaría el que está cerca de la casa porque ahí venden el helado que le encanta a mi hijo.
-Chofer: Entendido.
-Esther: Muchas gracias.

English

-Esther: I'm leaving my driver's here.
-Aura: I'll see you later. Take care
-Esther: You too my friend.
-Driver: Good evening, miss. Where do you want me to take you?

-Esther: Good evening. What time is it?

-Driver: It is 7:30 p.m., ma'am.

-Esther: It's still early. Can you please take me to the pharmacy to buy some medicines and then to the supermarket to buy ice cream for my son who feels sick?

-Driver: With pleasure, which pharmacy and supermarket do you want to go to?

-Esther: To the nearest pharmacy, but the supermarket I would like the one near the house because there they sell the ice cream that my son loves.

-Driver: Understood.

-Esther: Thank you very much.

Profesor - Teacher

Spanish

-Profesor: Muy buenos días clase.

-Estudiantes: Buenos días profesor.

-Profesor: Feliz primer día de clases. Bienvenidos a mi materia.

-Estudiantes: Muchas gracias.

-Profesor: Antes de comenzar a dar mi materia, ¿Alguno de ustedes sabe cuál es el deber de un profesor?

-Estudiante 1: Enseñar.

-Profesor: ¿Alguien más?

…

-Profesor: Si, enseñar, pero también, aprender, crear contenido y métodos para que los estudiantes aprendan. Debo ayudarlos a entender mis clases, hacer que les guste, que se entretengan, que se sientan atraídos por aprender.

-Estudiante 2: Es mucho más de lo que yo pensaba.

-Profesor: Así es. Bueno, prepárense para comenzar.

English

-Teacher: Very good morning, class.

-Students: Good morning, teacher.

-Teacher: Happy first day of classes. Welcome to my subject.

-Students: Thank you very much.

-Teacher: Before I begin to give my subject, do any of you know what a teacher's duty is?

-Student 1: Teach.

-Teacher: Anyone else?

...

-Teacher: Yes, teach, but also learn and create content and methods for students to learn. I must help them understand my classes, make them like it, entertain them, and make them feel attracted to learning.

-Student 2: It's a lot more than I thought.

-Teacher: That's right. Well, get ready to start.

Doctor - Doctor

Spanish

-Niño: Mami, ¿Por qué tengo que venir al doctor tanto?
-Madre: Ahí viene el doctor. Pregúntaselo tu mismo.
-Niño: Esta bien.
-Doctor: Hola pequeño, ¿Cómo estás?
-Niño: Hola doctor. Muy bien.
-Doctor: Me alegro.
-Madre: ¿Quieres preguntarle algo al doctor, hijo?
-Niño: Si mami, gracias por recordarme. Doctor, ¿Por qué tengo que venir tanto a verlo?
-Doctor: Esa es una buena pregunta. ¿Cómo te sientes?
-Niño: Mejor.
-Doctor: ¿Cómo te sentías cuando viniste hace cuatro días?
-Niño: Enfermo.
-Doctor: Tu mamá te dio medicinas, ¿Verdad?
-Niño: Así es.
-Doctor: Y te sentiste mejor al tomar las medicinas, ¿Correcto?
-Niño: No había pensado en eso, pero si.
-Doctor: Yo estoy a cargo de cuidar tu salud, de mandarte medicamentos cuando te enfermes, de hacer que siempre te sientas bien y de asegurarme de que crezcas sano y fuerte.
-Niño: Ya entiendo.
-Madre: ¿Ya ves, hijo? Por eso es importante venir frecuentemente al doctor.

-Niño: Si mami. Podemos venir todas las semanas.

-Madre: Jajajaja.

-Doctor: Jajaja, no hace falta tan seguido, una vez al mes está bien.

-Niño: Esta bien.

English

-Child: Mommy, why do I have to come to the doctor so much?

-Mother: Here comes the doctor. Ask him yourself.

-Boy: All right.

-Doctor: Hello, little one. How are you?

-Boy: Hello, doctor. Very well.

-Doctor: I'm glad.

-Mother: Do you want to ask the doctor something, son?

-Child: Yes, Mommy, thank you for remembering me. Doctor, why do I have to come to see you so much?

-Doctor: That's a good question. How do you feel?

-Child: Better.

-Doctor: How did you feel when you came here four days ago?

-Child: Sick.

-Doctor: Your mom gave you medicine, didn't she?

-Child: That's right.

-Doctor: And you felt better taking the meds, right?

-Boy: I hadn't thought of that, but yes.

-Doctor: I'm in charge of taking care of your health, of sending you medication when you get sick, of making you always feel good, and making sure you grow up healthy and strong.
-Child: I get it.
-Mother: You see, son? That's why it's important to come to the doctor often.
-Child: Yes, Mommy. We can come every week.
-Mother: Hahahaha
-Doctor: Hahaha, you don't need it so often, once a month is fine.
-Child: It's okay.

Bibliotecaria - Librarian

Spanish

-Laura: Hola tía, bendición, ¿Cómo amaneces?

-Yanny: Hola mi vida, muy bien, ¿Tu?

-Laura: Todo bien.

-Yanny: Me alegro.

-Laura: Tía, quería preguntarte, ¿Tu de que trabajas?

-Yanny: Soy bibliotecaria.

-Laura: ¿Y qué haces como bibliotecaria?

-Yanny: Quizás pienses que hago poco. Pero yo organizo los libros según su año, autor, tema, tomo, llevo control de los préstamos de libros, recibo libros donados y veo cuales sirven y cuáles no para ser usados en la biblioteca y otras cosas.

-Laura: Esta bien, un día iré contigo a ayudarte.

-Yanny: Me encantaría.

English

-Laura: Hello, aunt, blessings, how do you do?

-Yanny: Hello, darling, very well, you?

-Laura: Everything's fine.

-Yanny: I'm glad.

-Laura: Aunt, I wanted to ask you. What do you do for a living?

-Yanny: I'm a librarian.

-Laura: And what do you do as a librarian?

-Yanny: Maybe you think I do little. But I organize books according to their year, author, subject, volume, take control of book loans, receive donated books, and see which ones are useful and which ones are not to be used in the library and other things.

-Laura: Okay, one day I'll come with you and help you.

-Yanny: I'd love to.

Empresario- Businessman/ Entrepreneur

Spanish

-Abreu: Buenos días. ¿Cómo están?
-Ashley: Buenos días, muy bien.
-Miguel: Excelente.
-Abreu: Me alegro. Les pedí que asistieran a esta reunión porque quiero hablar con ustedes.
-Ashley: ¿Sobre qué?
-Abreu: Estoy buscando socios para abrir un nuevo negocio.
-Miguel: ¿Un nuevo negocio de qué?
-Abreu: De ropa.
-Ashley: ¿Qué propones?
-Abreu: Propongo que la empresa tenga 100 acciones, yo me quedo con 51 y ustedes compran las otras 49 según deseen.
-Miguel: ¿Y en que nos beneficiamos?
-Abreu: El número de acciones que tengan será el porcentaje que obtengan de las ganancias.
-Ashley: Yo entro, tienes experiencia en empresas y negocios y sé que todo saldrá bien.
-Abreu: Muchas gracias Ashley, ¿Y tú, Miguel?
-Miguel: Lo hare si Ashley tiene 25, tu 50 y yo 25.
-Abreu: De acuerdo, somos socios entonces.
-Ashley: Una nueva asociación.

English

-Abreu: Good morning. How are you?

-Ashley: Good morning, very good.

-Miguel: Excellent.

-Abreu: I'm glad. I asked you to attend this meeting because I want to talk to you.

-Ashley: About what?

-Abreu: I'm looking for partners to open a new business.

-Miguel: A new business from what?

-Abreu: Clothing.

-Ashley: What do you propose?

-Abreu: I propose that the company will have 100 shares. I will keep 51 and you will buy the other 49 as you wish.

-Miguel: And how do we benefit?

-Abreu: The number of shares you have will be the percentage you get of the profits.

-Ashley: I am in. You have experience in companies and businesses and I know that everything will be fine.

-Abreu: Thank you very much Ashley, and you, Miguel?

-Miguel: I will if Ashley is 25, you are 50 and I am 25.

-Abreu: All right, we're partners then.

-Ashley: A new association.

Diseñador - Designer

Spanish

-Eliezer: Buenas tardes.
-Chel: Buenas tardes.
-Eliezer: ¿En que lo puedo ayudar?
-Chel: Vi en tus redes sociales que eres diseñador, ¿Es verdad?
-Eliezer: Si.
-Chel: Excelente, ¿Qué tipo de trabajos haces?
-Eliezer: Hago todo tipo de diseños como logos, imágenes, videos, presentaciones, publicidades, portadas de libros, posters, ediciones de imágenes y muchas otras cosas.
-Chel: ¿Qué programas o herramientas utilizas?
-Eliezer: El que más me gusta usar es Photoshop, pero se utilizar cualquier programa, en caso de que desees que haga un trabajo en un programa específico.
-Chel: No, tranquilo.
-Eliezer: ¿Qué vas a necesitar que haga?
-Chel: Voy a necesitar un banner, con muchos colores, contornos y figuras bien definidas de una batalla, para un evento especial que habrá el próximo domingo.
-Eliezer: Esta bien, ¿De qué medidas tiene que ser el banner?
-Chel: 3.5 metros de ancho y 2 metros de alto.
-Eliezer: Perfecto, envíame más detalles a través de mis redes sociales y coordinamos por allí.
-Chel: Excelente. Muchas gracias.

English

-Eliezer: Good afternoon.

-Chel: Good afternoon.

-Eliezer: What can I do for you?

-Chel: I saw in your social networks that you are a designer, is it true?

-Eliezer: Yes.

-Chel: Excellent, what kind of work do you do?

-Eliezer: I do all kinds of designs such as logos, images, videos, presentations, advertisements, book covers, posters, image editions, and many other things.

-Chel: What programs or tools do you use?

-Eliezer: The one I like the most is Photoshop, but I can use any program, in case you want me to do a job in a specific program.

-Chel: No, don't worry.

-Eliezer: What are you going to need me to do?

Chel: I'm going to need a banner, with many colors, contours, and well-defined figures of a battle for a special event that will be next Sunday.

-Eliezer: All right, what sizes does the banner have to be?

-Chel: 3.5 meters wide and 2 meters high.

-Eliezer: Perfect, send me more details through my social networks and coordinate over there.

-Chel: Excellent. Thank you.

Conserje - Janitor

Spanish

-Alex: Buenos días Sr Arturo, ¿Como esta?
-Arturo: Buenos días Alex, cansadísimo.
-Alex: ¿Por qué?
-Arturo: Ayer comencé a trabajar de conserje en una escuela.
-Alex: Que bueno, me alegra que obtuvo el trabajo.
-Arturo: Yo también estaba feliz, pero esos niños son muy desastrosos.
-Alex: ¿En serio? ¿Qué hicieron?
-Arturo: Tiran la basura al piso, se les cae comida y no la recogen, botan la basura del sacapuntas en el piso, no limpian sus escritorios...
-Alex: Suena terrible.
-Arturo: Lo peor son los baños, hacen pipi afuera de la poceta, los papeles no los meten en la papelera.
-Alex: Que desagradable.
-Arturo: Asqueroso.
-Alex: Debería hablar con el director para que hable con ellos.
-Arturo: Si, hoy hablare con él.
-Alex: Propón un sistema de recompensas para los estudiantes mas limpios.
-Arturo: Eso o renuncio, es muy asqueroso trabajar así.
-Alex: Me lo imagino Sr Arturo. Yo no podría trabajar así.
-Arturo: Dudo que alguien pueda.

English

-Alex: Good morning, Mr. Arturo, how are you?

-Arturo: Good morning, Alex, very tired.

-Alex: Why?

-Arthur: Yesterday, I started working as a janitor in a school.

-Alex: Good, I'm glad you got the job.

-Arturo: I was happy too, but these children are very disastrous.

-Alex: Really? What did they do?

-Arturo: They throw garbage on the floor, they drop food and don't pick it up, they throw the pencil sharpener garbage on the floor, they don't clean their desks...

-Alex: Sounds terrible.

-Arturo: The worst thing is the bathrooms. They pee outside the poceta and the papers, they don't put them in the trash.

-Alex: How unpleasant.

-Arthur: Disgusting.

-Alex: You should talk to the principal so he can talk to them.

-Arthur: Yes, I'll talk to him today.

-Alex: Propose a system of rewards for the cleanest students.

-Arturo: That or I quit. It's very disgusting to work like that.

-Alex: I can imagine it, Mr. Arturo. I couldn't work like that.

-Arthur: I doubt anyone can.

Jardinero - Gardener

Spanish

-Betty: Buenas tardes Brad, ¿Como estas?
-Brad: Buenas tardes Betty, listo para trabajar.
-Betty: Me parece excelente.
-Brad: ¿Que quiere que haga hoy con su jardín?
-Betty: Bueno, corta la grama, riega los arboles, planta estas semillas de aguacate, échale fertilizante a las plantas que lo necesiten e insecticida a los arboles de frutas que tengo.
-Brad: Entendido. La grama no la cortare mucho porque estamos en periodo de calor y es mejor dejarla un poco larga por eso; las semillas de aguacate las plantare lejos de las otras plantas porque ese árbol crece bastante y el insecticida no se lo puedo echar a la mata de naranjas porque es malo para ella.
-Betty: Bueno, tu eres el jardinero, tu sabes lo que es mejor para mi jardín.
-Brad: Así es, no se preocupe, su jardín esta en excelentes manos.
-Betty: Lo sé, eres tan buen jardinero que te recomendé con los vecinos, así que lúcete hoy para enseñarles lo bien que trabajas y que te contraten en el futuro.
-Brad: Lo hare, muchas gracias por su ayuda.
-Betty: Gracias a ti.

English

-Betty: Good afternoon, Brad, how are you?

-Brad: Good afternoon, Betty, ready to work.

-Betty: I find it excellent.

-Brad: What do you want me to do with your garden today?

-Betty: Well, mow the lawn, water the trees, plant these avocado seeds, fertilize the plants that need it, and insecticide the fruit trees that I have.

-Brad: Got it. I won't cut the grass very much because we are in a hot season and it's better to leave it a little long for that. I'll plant the avocado seeds away from the other plants because that tree grows a lot, and I can't throw the insecticide into the orange grove because it's bad for it.

-Betty: Well, you're the gardener. You know what's best for my garden.

-Brad: That's right. Don't worry. Your garden is in excellent hands.

-Betty: I know. You are such a good gardener that I recommended you to the neighbors, so show them today how well you work so they will hire you in the future.

-Brad: I will, thank you very much for your help.

-Betty: Thank you.

Vendedor - Salesman/ Seller

Spanish

-Rafael: Buenas tardes jefe, este es Sebastián, el primo del que le hable para que sea vendedor de acá del negocio.
-Stefan: Buenas tardes, mucho gusto Sebastián, muchas gracias Rafael, hablaré con él.
-Rafael: Gracias a usted Stefan. Chao Sebastián, suerte.
-Sebastián: Gracias primo, cuídate.
-Stefan: Dime Sebastián, ¿Tienes experiencia trabajando de vendedor?
-Sebastián: Así es, trabaje dos años como vendedor en una empresa de toallas para hogar.
-Stefan: ¿Y cómo te fue?
-Sebastián: Muy bien, tenía el índice de ventas más alto de la empresa.
-Stefan: Asombroso.
-Sebastián: La empresa tenía buen sistema de recompensas, por cada venta te daban un 5% de comisión del monto total de la venta.
-Stefan: Aquí serás feliz, nosotros damos 6% de comisión fija y dependiendo de tus ventas y los montos, en algunas ocasiones damos el 8% de las ventas.
-Sebastián: Suena increíble señor.
-Stefan: Te pondré a prueba una semana. Si te va tan bien como dices, el puesto es tuyo.

-Sebastián: Suena justo.
-Stefan: ¿Tenemos un trato?
-Sebastián: Cuente conmigo

English

-Rafael: Good afternoon, chief. This is Sebastian, the cousin I told you about to be a salesman here.
-Stefan: Good afternoon. Nice to meet you, Sebastian. Thank you very much, Rafael, I'll talk to him.
-Rafael: Thank you, Stefan. Bye Sebastian, good luck.
-Sebastian: Thank you, cousin, take care.
-Stefan: Tell me, Sebastian, do you have experience working as a salesman?
-Sebastian: That's right. I worked for two years as a salesman in a household towel company.
-Stefan: How did it go?
-Sebastian: All right, I had the highest sales rate in the company.
-Stefan: Amazing.
-Sebastian: The company had a good system of rewards, for each sale you were given a 5% commission on the total amount of the sale.
-Stefan: Here you will be happy. We give 6% fixed commission and depending on your sales and amounts, sometimes, we give 8% of sales.
-Sebastian: Sounds incredible, sir.

-Stefan: I'll test you for a week. If you do as well as you say, the job is yours.
-Sebastian: Sounds fair.
-Stefan: Do we have a deal?
-Sebastian: You can count on me.

Mecánico - Mechanical

Spanish

-Jorge: Buenos días. Adelante.
-Thais: Buenos días. Muchas gracias, ¿Dónde me estaciono?
-Jorge: Allá adelante a la izquierda, al lado del carro verde.
-Thais: Ok.
-Jorge: Cuéntame ¿Y eso que vienes?
-Thais: Me fui de viaje el fin de semana y el carro comenzó a fallar.
-Jorge: ¿Tienes idea de lo que pueda ser?
-Thais: Ni un poco, por eso te lo traje a ti, eres el mecánico más honesto que conozco.
-Jorge: Me halagas. ¿Chequeaste el nivel de aceite?
-Thais: Si, estaba bajo y lo llene.
-Jorge: ¿Revisaste las bujías y sus cables?
-Thais: No, ni idea de cómo se hace.
-Jorge: Ok, ¿Revisaste el refrigerante?
-Thais: Si, estaba todo bien, no recalentó.
-Jorge: Perfecto. ¿Cuándo cambiaste el filtro de gasolina?
-Thais: Hace unos meses, lo cambiaste tú.
-Jorge: Cierto, no recordaba.
-Thais: ¿Puedes también revisar los frenos?
-Jorge: Seguro. Por lo que veo ya tus cauchos están gastados, deberías comprar otros.

-Thais: Lo tengo en mente, pero no tengo dinero, le compre los amortiguadores antes de irme de viaje y me quede sin dinero.
-Jorge: Suele pasar. Bueno, comenzare revisando las bujías, te aviso cuando esté listo.
-Thais: Muchísimas gracias. Estamos en contacto.

English

-Jorge: Good morning. Go ahead.
-Thais: Good morning. Thank you very much. Where do I park?
-Jorge: There on the left, next to the green car.
-Thais: Ok.
-Jorge: Tell me, why are you coming?
-Thais: I went away for the weekend and the car started to fail.
-Jorge: Do you have any idea about what might be?
-Thais: Not a bit. That's why I brought it to you. You're the most honest mechanic I know.
-Jorge: I'm flattered. Did you check the oil level?
-Thais: Yes, it was low and I filled it up.
-Jorge: Did you check the spark plugs and their cables?
-Thais: No, no idea how it's done.
-Jorge: Okay, did you check the coolant?
-Thais: Yes, everything was fine. It didn't overheat.
-Jorge: Perfect. When did you change the gas filter?
-Thais: A few months ago, you changed it.
-Jorge: Right, I didn't remember.
-Thais: Can you also check the brakes?

-Jorge: Sure. As far as I can see, your tires are worn. You should buy others.

-Thais: I have it in mind, but I don't have any money. I bought the shock absorbers before I left for the trip and I ran out of money.

-Jorge: It happens. Well, I'll start by checking the spark plugs. I'll let you know when I'm ready.

-Thais: Thank you very much. We're in touch.

Farmaceuta - Pharmacist

Spanish

-Anabella: Hola, ¿Es usted farmaceuta?
-Martin: Así es, soy uno de los farmaceutas de esta farmacia, ¿En qué puedo ayudarla?
-Anabella: Vengo de la cita médica y el doctor me dio este récipe.
-Martin: A verlo.
-Anabella: Aquí tiene.
-Martin: No tengo la marca de antibiótico que le receto, tengo otra marca pero del mismo componente.
-Anabella: Si es lo mismo, deme ese.
-Martin: Aquí está el antiácido, el protector gástrico, el desinflamatorio y el suero.
-Anabella: Muchísimas gracias, ¿Tienes también curitas, algodón y alcohol? Ahora que recuerdo mi hijo se cayó hace unos días y ya se me acabaron.
-Martin: Ya lo busco.
-Anabella: Genial.
-Martin: Aquí tienes las curitas y el algodón, alcohol no me queda.
-Anabella: No te preocupes, yo busco en otra farmacia.
-Martin: Aquí tiene la cuenta. ¿Va a pagar en efectivo o con tarjeta?
-Anabella: En efectivo.
-Martin: ¿Va a querer bolsa?

-Anabella: No gracias.

English

-Anabella: Hello, are you a pharmacist?
-Martin: That's right. I'm one of the pharmacists in this pharmacy. How can I help you?
-Anabella: I came from the doctor's appointment and the doctor gave me this prescription.
-Martin: Let's see it.
-Anabella: Here you are.
-Martin: I don't have the brand of the antibiotic he prescribed. I have another brand but the same component.
-Anabella: If it's the same, give me that one.
Martin: Here's the antacid, the gastric protector, the anti-inflammatory, and the serum.
Anabella: Thank you very much. Do you also have band-aids, cotton, and alcohol? Now that I remember, my son fell a few days ago and I'm out of them.
-Martin: I'll look for them.
-Anabella: Great.
Martin: Here are the Band-Aids and the cotton. I'm out of alcohol.
-Anabella: Don't worry. I'll look at another pharmacy.
-Martin: Here's the bill. Will you pay in cash or by credit card?
-Anabella: In cash.
-Martin: Will you want a bag?
-Anabella: No thanks.

Abogado - Lawyer

Spanish

-George: Buenos días.
-Esteban: Buenos días, ¿En qué puedo ayudarlo?
-George: Tomé su número del periódico, decía que usted era abogado, ¿Es correcto?
-Esteban: Así es.
-George: Bueno, me gustaría saber qué tipo de trámites realiza usted, porque hay varios tipos de abogados.
-Esteban: Yo me encargo de divorcios, asesorías, defensas, temas empresariales, herencias y otros temas parecidos.
-George: Perfecto, me gustaría que me asesore con un divorcio.
-Esteban: Muy bien, venga a mi oficina y con gusto le atenderé.
-George: ¿Dónde está ubicado?
-Esteban: Ya le envío la información por mensaje de texto a este número del que me llama.
-George: Excelente. Nos vemos.

English

-George: Good morning.
-Esteban: Good morning, can I help you?
-George: I took your number from the newspaper. It said you were a lawyer, is that correct?
-Esteban: That's right.

-George: Well, I'd like to know what kind of paperwork you do, because there are several kinds of lawyers.

-Esteban: I'm in charge of divorces, advice, defenses, business matters, inheritances, and other similar matters.

-George: Perfect, I'd like you to advise me with a divorce.

-Esteban: All right, come to my office and I'll be happy to help you.

-George: Where are you located?

-Esteban: I'm sending you the information by text message to this number you're calling me from.

-George: Excellent. I'll see you.

Vigilante - Watchman

Spanish

-Matt: Buenos días Jesus, ¿Como estas?
-Jesus: Buenos días, muy cansado, la noche fue difícil.
-Matt: ¿Por qué?
-Jesus: Porque hubo muchos ruidos, pensé que eran ladrones.
-Matt: ¿Y descubriste que eran?
-Jesus: Si, un montón de gatos peleando y corriendo por todos lados.
-Matt: Menos mal no eran ladrones.
-Jesus: Si, pero hicieron ruido y tumbaron cosas toda la noche. Estaba preocupado.
-Matt: Tranquilo Jesus, contigo como vigilante nadie querrá entrar aquí a robar.
-Jesus: Eso espero señor.
-Matt: Estoy seguro.
-Jesus: ¿Podría pedirle a otro vigilante que se quede esta noche?
-Matt: ¿Para que tú descanses?
-Jesus: Así es señor.
-Matt: Claro, no hay problema.

English

-Matt: Good morning, Jesus. How are you?

-Jesus: Good morning, very tired. The night was difficult.

-Matt: Why?

-Jesus: Because there were so many noises. I thought they were thieves.

-Matt: And you found out what they were?

-Jesus: Yes, a lot of cats fighting and running around.

-Matt: Thank goodness they weren't thieves.

-Jesus: Yes, but they made noise and knocked things down all night. I was worried.

-Matt: Calm down, Jesus. With you as the watchman, nobody will want to enter here to steal.

-Jesus: I hope so, sir.

-Matt: I'm sure.

-Jesus: Could you ask another guard to stay tonight?

-Matt: So you can rest?

-Jesus: That's right, sir.

-Matt: Sure, no problem.

Policía - Policeman

Spanish

-Policía: Buenas tardes, ¿Sabe usted porque lo detuve?
-Robert: Ni idea señor.
-Policía: ¿Ha usted estado bebiendo?
-Robert: No oficial.
-Policía: ¿Está usted seguro?
-Robert: Bueno, quizás un poco.
-Policía: Eso supuse. Por favor bájese del vehículo.
-Robert: Un momento.
-Policía: Le pediré que haga la prueba de alcohol.
-Robert: Por supuesto.
-Policía: Sople aquí.
-Robert: Listo.
-Policía: Mire, su nivel de alcohol está sobre el límite permitido para conducir.
-Robert: Que extraño, solo fue una cerveza.
-Policía: Señor, vengo siguiéndolo desde hace media hora, se ha parado en tres licorerías y de las tres ha salido bebiendo.
-Robert: ¿Esta seguro?
-Policía: Si, aquí tengo las grabaciones, además, en una de las licorerías se robó un chocolate; manejando excedió el límite de velocidad y no puso las luces de cruces en ningún momento. Me temo que tendré que detenerlo y llevarlo a la estación.

-Robert: Es que el chocolate estaba muy caro y no iba a pagar tanto por un chocolate y sobre el límite de velocidad, se me hacía tarde para ver el partido.
-Policía: No son excusas, súbase a la patrulla y guarde silencio.
-Robert: De acuerdo.

English

-Police: Good afternoon, do you know why I pulled you over?
-Robert: No idea, sir.
-Police: Have you been drinking?
-Robert: No, Officer.
-Police: Are you sure?
-Robert: Well, maybe a little.
-Police: That's what I thought. Please get out of the vehicle.
-Robert: Wait a minute.
-Police: I'll ask you to take the alcohol test.
-Robert: Of course.
-Police: Blow here.
-Robert: Ready.
-Police: Look, your alcohol level is above the limit for driving.
-Robert: Strange, it was just a beer.
-Police: Sir, I've been following you for half an hour. You've stopped at three liquor stores and out of the three, you've gone out drinking.
-Robert: Are you sure?

-Police: Yes, I have the recordings here. Besides, in one of the liquor stores, you stole chocolate. While driving, you exceeded the speed limit and didn't put the cross-lights on at any time. I'm afraid I'll have to stop you and take you to the station.

-Robert: The chocolate was very expensive and I wasn't going to pay as much for chocolate and about the speed limit, I was late to watch the game.

-Police: They're not excuses, get on the patrol and be quiet.

-Robert: All right.

Bombero - Fireman

Spanish

-Adam: Buenos días equipo, ¿Cómo están?
-Equipo: Bien Señor.
-Adam: Me alegra oírlo. Hoy los dividiré en tres equipos. Equipo 1, apaguen un incendio que hay al sur del bosque; equipo 2, hay una fuga de gas en un centro comercial, investiguen y arréglenla y el equipo 3 se queda aquí en la estación conmigo para arreglar el camión de bomberos. ¿Entendido?
-Equipo 1: Si señor.
-Equipo 2: Fuerte y claro, señor.
-Equipo 3: Señor, sí señor.
-Adam: A trabajar entonces. Presten atención a sus radios, nos comunicamos por allí.

English

-Adam: Good morning, team. How are you?
-Team: Good, sir.
-Adam: Glad to hear it. Today, I will divide you into three teams. Team 1, put out a fire at the south of the forest. Team 2, there's a gas leak in a mall. Investigate and fix it, and team 3 stays here at the station with me to fix the fire truck. Understood?

-Team 1: Yes sir.

-Team 2: Loud and clear, sir.

-Team 3: Sir, yes sir.

-Adam: Let's get to work then. Pay attention to your radios, we're communicating over there.

Panadero - Baker

Spanish

-Pablo: Buenos días, bienvenida a la inauguración de mi panadería.
-Katherine: Esta muy bonita Pablo.
-Pablo: Muchas gracias.
-Katherine: Huele riquísimo, ¿Qué es?
-Pablo: Debe ser lo que están horneando.
-Katherine: ¿Y qué es eso?
-Pablo: No se, preguntémosle al panadero.
-Katherine: Vamos.
-Pablo: Hola Ricky.
-Ricky: Hola Sr Pablo, ¿Cómo esta?
-Pablo: Muy bien, ella es mi amiga Katherine, la invite a la inauguración de la panadería.
-Katherine: Mucho gusto.
-Ricky: Encantado de conocerla.
-Pablo: Le estaba enseñando la panadería y me dijo que olía muy sabroso y quería saber que era. ¿Qué estas horneando?
-Ricky: Estoy horneando torta de chocolate, brownies, pie de manzana, pie de fresa, torta de parchita, unos roles de canela, pan francés y pan de sanduche.
-Katherine: Deben ser los roles de canela o el brownie lo que huele tan bien.
-Pablo: Vamos, aquí hay unos recién horneados, prueba.

-Katherine: Dios, esto esta delicioso.

-Ricky: Muchas gracias.

-Pablo: Me alegra que te guste.

English

-Pablo: Good morning. Welcome to the opening of my bakery.

-Katherine: It is very beautiful, Pablo.

-Pablo: Thank you very much.

-Katherine: It smells delicious, what is it?

-Paul: It must be what they're baking.

-Katherine: And what's that?

-Paul: I don't know, let's ask the baker.

-Katherine: Come on.

-Paul: Hi, Ricky.

-Ricky: Hi, Mr. Pablo, how are you?

-Paul: All right, this is my friend Katherine. I invited her to the opening of the bakery.

-Katherine: Nice to meet you.

-Ricky: Nice to meet you.

-Pablo: I was showing her the bakery and she told me that it smelled very tasty and wanted to know what it was. What are you baking?

-Ricky: I'm baking chocolate cake, brownies, apple pie, strawberry pie, passion fruit cake, some cinnamon rolls, French bread, and sandwich bread.

-Katherine: It must be the cinnamon rolls or the brownie that smells so good.
-Pablo: Come on, here's some freshly baked. Try it.
-Katherine: God, this is delicious.
-Ricky: Thank you very much.
-Paul: I'm glad you like it.

Chef - Chef

Spanish

-Bratt: Hola, ¿Como esta?
-Joyce: Hola, muy bien, ¿Y tú?
-Bratt: Muy bien. Vengo porque quisiera ser asistente de cocina.
-Joyce: Excelente; ya llamo al chef para que hables con él. ¡MARCO!
-Marco: ¿Si amor?
-Joyce: Este chico quiere ser asistente de cocina.
-Marco: Que bueno. Acompáñame.
-Bratt: En seguida.
-Marco: Esta es mi cocina. Aquí tengo mis utensilios como cuchillos, tenedores, cucharillas, cucharas, cucharones, ollas y sartenes; en este lado tengo los ingredientes como sal, azúcar, orégano, vinagre, albahaca, harina, leche, comino, laurel, curry y onoto; acá en esta nevera tengo las verduras como zanahoria, papa, pepino, tomate, cebolla, pimentón, calabacín, berenjena, remolacha, ají y otras; mientras que aquí en esta nevera guardo la carne, pollo, pescados y quesos.
-Bratt: Es muy organizado.
-Marco: Así es. Si quieres ser mi asistente deberás serlo.
-Bratt: De acuerdo.
-Marco: Yo preparo comidas de todo tipo como italianas, francesas, colombianas, mexicanas, venezolanas, argentinas, alemanas, holandesas y muchas otras.

-Bratt: Me encantaría aprender con usted.
-Marco: Si haces bien tu trabajo, lo harás con el tiempo.

English

-Bratt: Hi, how are you?
-Joyce: Hello, very well, how are you?
-Bratt: Very good. I'm here because I'd like to be a kitchen assistant.
-Joyce: Excellent. I will call the chef to talk to him. MARCO!
-Marco: Yes, love?
-Joyce: This guy wants to be a kitchen assistant.
-Marco: That's good. Come with me.
-Bratt: Right away.
-Marco: This is my kitchen. Here I have my utensils like knives, forks, teaspoons, spoons, ladles, pots, and pans. On this side, I have ingredients like salt, sugar, oregano, vinegar, basil, flour, milk, cumin, laurel, curry, and onoto. Here in this fridge, I have vegetables such as carrot, potato, cucumber, tomato, onion, paprika, zucchini, eggplant, beetroot, chili, and others. While here in this fridge, I keep meat, chicken, fish, and cheese.
-Bratt: You are very organized.
-Marco: That's right. If you want to be my assistant, you'll have to be too.
-Bratt: Okay.

-Marco: I prepare all kinds of food including Italian, French, Colombian, Mexican, Venezuelan, Argentinean, German, Dutch, and many others.

-Bratt: I would love to learn with you.

-Marco: If you do your job well, you'll do it over time.

Paseador de perros- Dog Walker

Spanish

-Leila: Buenos días, ¿Sra Nancy?
-Nancy: Si, dígame.
-Leila: Es Leila, la muchacha que contrato para pasear a su perro, estoy acá afuera esperándola.
-Nancy: Ya salgo.
-Leila: Aquí la espero.
…
-Nancy: Buenos días Leila, disculpa la tardanza.
-Leila: No se preocupe.
-Nancy: Este es Capi, mi pequeño cachorro.
-Leila: Es muy lindo.
-Nancy: Si, lo cuido muy bien, espero que tu también lo hagas.
-Leila: No lo dude.
-Nancy: Bueno, necesito que lo pasees durante una media hora o que camine tres kilómetros, le des bastante agua y dos puños de comida después de caminar.
-Leila: Entiendo.
-Nancy: Aquí tienes la comida, el agua y dos bolsas para que recojas su pupú.
-Leila: Perfecto, le escribo entonces cuando este de regreso.
-Nancy: Muchas gracias.

English

-Leila: Good morning, Mrs. Nancy?

-Nancy: Yes, tell me.

-Leila: It's Leila, the girl who you hired to walk your dog. I'm out here waiting for you.

-Nancy: I'll be right out.

-Leila: I'll wait for you here.

...

-Nancy: Good morning, Leila. Sorry I'm late.

-Leila: Don't worry.

-Nancy: This is Capi, my little puppy.

-Leila: He's very cute.

-Nancy: Yes, I take good care of him. I hope you do, too.

-Leila: Don't doubt it.

-Nancy: Well, I need you to walk him for half an hour or three kilometers. Give him plenty of water and two fists of food after walking.

-Leila: I understand.

-Nancy: Here's the food, the water, and two bags for you to pick up his poop.

-Leila: Perfect. I'll write to you when I am back.

-Nancy: Thank you very much.

Niñera – Babysitter/Nanny

Spanish

-Mama: Buen día María, que bueno que llegaste temprano, ya los niños están despiertos, vamos a la cocina y conversamos.
-Niñera: Si, hoy no tuve problemas con el transporte.
-Mama: ¿Desayunaste?
-Niñera: Si, antes de salir de casa.
-Mama: Bueno, tomemos un café y hablemos de las tareas de hoy.
-Niñera: Perfecto, gracias.
-Mama: Aquí en la pizarra están todas las actividades y horarios para los niños, es importante que sigas los horarios de las medicinas de Samuel, pasó todo el fin de semana con mucha fiebre por la gripe.
-Niñera: Ok y, ¿En donde están las medicinas?
-Mama: Aquí en este gabinete están todas, él se las toma sin ningún problema, no saben mal, ha tenido poco apetito, no lo obligues a comer, ofréceles jugos y frutas durante el día y algún yogurt o galleta.
-Niñera: Está bien señora, así lo hare.
-Mama: Gracias, voy saliendo al trabajo, nos vemos en la tarde, cualquier cosa me llamas.

English

-Mother: Good day, Maria. It's good that you arrived early. The children are awake. Let's go to the kitchen and talk.
-Nanny: Yes. Today, I didn't have any problems with transportation.
-Mom: Did you have breakfast?
-Nanny: Yes, before leaving home.
-Mom: Well, let's have a cup of coffee and talk about today's chores.
-Nanny: Perfect, thank you.
-Mother: Here on the blackboard are all the activities and schedules for the children. It's important that you follow the schedules of Samuel's medicines. He spent the whole weekend with a lot of flu fever.
-Nanny: Ok, and where are the medicines?
-Mother: They are all here in this cabinet. He takes them without any problem. They don't taste bad. He has had little appetite. Don't force him to eat. Offer them juices and fruits during the day, and some yogurt or cookie.
-Nanny: It's okay, ma'am. I'll do it.
-Mom: Thanks, I'm going to work. I'll see you in the afternoon. You can call me if anything goes.

Conclusion

Thank you for making it through to the end of *Learn Spanish For Beginners: Over 100 Easy and Common Spanish Conversations for Learning Spanish Language*. Let's hope it was informative and able to provide you with all of the tools you need to achieve your goals.

With the content covered in this book, you will be able to stand up for yourself and talk to Spanish speakers on basic topics and conversations.

The next step is to continue practicing all the conversations presented here, continue reading and analyzing them, applying them in daily situations in order to have more retention of what is written in this book. Now that you have finished the book *Learn Spanish For Beginners: Over 100 Easy And Common Spanish Conversations For Learning Spanish Language,* you can move on to another book with more advanced and technical conversations on other topics to improve your knowledge of the Spanish language.

Finally, if you found this book useful in any way, a review on Amazon is always appreciated!

Printed in Poland
by Amazon Fulfillment
Poland Sp. z o.o., Wrocław